"中国企业社会责任报告编写指南(CASS-CSR3.0)"
系列丛书的出版得到了下列单位的大力支持：

（排名不分先后）

中国南方电网

中国华电集团公司

华润（集团）有限公司

三星（中国）投资有限公司

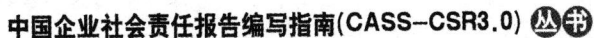

中国企业社会责任报告编写指南(CASS-CSR3.0)丛书

主　编：彭华岗
副主编：钟宏武　孙孝文　张　蒽

中国企业社会责任报告编写指南
之一般采矿业

中国社会科学院经济学部企业社会责任研究中心

刘丛生　钟宏武／顾问

孙孝文　李晓峰　张　蒽　朱念锐／等著

社会责任报告
全生命周期管理指南

图书在版编目（CIP）数据

中国企业社会责任报告编写指南之一般采矿业 /彭华岗主编. —北京：经济管理出版社，2014.1
ISBN 978-7-5096-2936-9

Ⅰ.①…… Ⅱ.①彭… Ⅲ.①矿业—工业企业管理—社会责任—中国—工作报告—写作—指南 Ⅳ.①F426.1-62 ②H152.3-62

中国版本图书馆CIP数据核字（2014）第020602号

组稿编辑：陈　力
责任编辑：杨国强
责任印制：黄章平

出版发行：经济管理出版社
　　　　　（北京市海淀区北蜂窝8号中雅大厦A座11层　100038）
网　　址：www.E-mp.com.cn
电　　话：(010) 51915602
印　　刷：三河市延风印装厂
经　　销：新华书店
开　　本：720mm×1000mm/16
印　　张：11.25
字　　数：189千字
版　　次：2014年1月第1版　2014年1月第1次印刷
书　　号：ISBN 978-7-5096-2936-9
定　　价：68.00元

·版权所有　翻印必究·
凡购本社图书，如有印装错误，由本社读者服务部负责调换。
联系地址：北京阜外月坛北小街2号
电话：(010) 68022974　　邮编：100836

《中国企业社会责任报告编写指南之一般采矿业》专家组成员名单

顾　问：刘丛生（中国黄金集团公司副总经理）
　　　　钟宏武（中国社会科学院经济学部企业社会责任研究中心主任）

组　长：孙孝文（中国社会科学院经济学部企业社会责任研究中心副主任）
　　　　李晓峰（中国黄金集团公司运营部副经理）

成　员：（按姓氏拼音排序）
　　　　陈　锋（国务院国有资产监督管理委员会研究局研究一处副处长）
　　　　方小静（中国社会科学院经济学部企业社会责任研究中心分析师）
　　　　韩　超（中国黄金集团公司运营管理部）
　　　　梁海波（辽宁排山楼黄金矿业有限责任公司副总经理）
　　　　路西迎（河南中原黄金冶炼厂有限责任公司安环部经理）
　　　　彭　雪（中国社会科学院经济学部企业社会责任研究中心分析师）
　　　　缪振平（河北峪耳崖黄金矿业有限责任公司副总经理）
　　　　汪　杰（中国社会科学院经济学部企业社会责任研究中心咨询部部长）
　　　　胥明军（河北东梁黄金矿业有限责任公司总经理）
　　　　邢东栓（河北峪耳崖黄金矿业有限责任公司总经理）
　　　　岳国志（河北峪耳崖黄金矿业有限责任公司党委书记）
　　　　翟利峰（中国社会科学院经济学部企业社会责任研究中心评价部部长）
　　　　张石头（湖北鸡笼山黄金矿业有限公司董事长、总经理）
　　　　张　蒽（中国社会科学院经济学部企业社会责任研究中心常务副主任）
　　　　张大伟（河北峪耳崖黄金矿业有限责任公司安环部副经理）
　　　　张林菁（中国社会科学院经济学部企业社会责任研究中心咨询部部长）
　　　　朱念锐（中国黄金集团公司运营管理部）

开启报告价值管理新纪元

透明时代的到来要求企业履行社会责任，及时准确地向利益相关方披露履行社会责任的信息。目前，发布社会责任报告已日益成为越来越多的企业深化履行社会责任、积极与利益相关方沟通的载体和渠道，这对于企业充分阐释社会责任理念，展现社会责任形象，体现社会责任价值具有重要的意义。作为中国第一本社会责任报告编写指南，指南的发展见证了我国企业社会责任从"懵懂发展"到"战略思考"的发展历程。2009年12月，中国社会科学院经济学部企业社会责任研究中心发布了《中国企业社会责任报告编写指南（CASS-CSR1.0）》（简称指南1.0），当时很多企业对"什么是社会责任"、"什么是社会责任报告"、"社会责任报告应该包括哪些内容"还存在争议。所以《指南1.0》和《指南2.0》定位于"报告内容"，希望通过指南告诉使用者如何编写社会责任报告、社会责任报告应该披露哪些指标。指南的发布获得了企业的广泛认可和应用，2013年，参考指南编写社会责任报告的企业数量上升到了195家。

5年过去了，我国企业社会责任报告领域发生了深刻变革，企业社会责任报告的数量从2006年的32份发展到了2013年的1231份；报告编写质量明显提升，很多报告已经达到国际先进水平。同时，企业在对社会责任的内涵及社会责任报告的内容基本达成共识的基础上，开始思考如何发挥社会责任报告的综合价值，如何将社会责任工作向纵深推进。

为适应新时期新形势要求，进一步增强指南的国际性、行业性和工具性，中国社会科学院经济学部企业社会责任研究中心于2012年3月启动了《中国企业社会责任报告编写指南（CASS-CSR3.0）》（简称指南3.0）修编工作，在充分调研使用者意见和建议的基础上，对《指南3.0》进行了较大程度的创新。总体而言，与国内外其他社会责任倡议相比，《指南3.0》具有以下特点：

（1）首次提出社会责任报告"全生命周期管理"的概念。企业社会责任报告既是企业管理的工具,也是与外部利益相关方沟通的有效工具。《指南3.0》定位于通过对社会责任报告进行全生命周期的管理,充分发挥报告在加强利益相关方沟通、提升企业社会责任管理水平的作用,可以最大程度发挥报告的综合价值。

(2)编制过程更加科学。只有行业协会、企业积极参与到《指南3.0》的编写中,才能使《指南3.0》更好地反映中国企业社会责任实际情况。在《指南3.0》的修编过程中,为提升分行业指南的科学性和适用性,编委会采取"逐行业编制、逐行业发布"的模式,与行业代表性企业、行业协会进行合作,共同编制、发布分行业的编写指南,确保《指南3.0》的科学性和实用性。

(3)适用对象更加广泛。目前,我国更多的中小企业越来越重视社会责任工作,如何引导中小企业社会责任发展也是指南修编的重要使命。《指南3.0》对报告指标体系进行整理,同时为中小企业使用指南提供了更多的指导和工具。

(4)指标体系实质性更加突出。《指南3.0》在编写过程中对指标体系进行了大幅整理,在指标体系中更加注重企业的法律责任和本质责任,将更多的指标转变为扩展指标,更加注重指标的"实质性"。

《中国企业社会责任报告编写指南(CASS-CSR3.0)》是我国企业社会责任发展的又一重大事件,相信它的推出,必将有助于提高我国企业社会责任信息披露的质量,有助于发挥社会责任报告的综合价值,必将开启社会责任报告价值管理新纪元!

2014年1月

目 录

总论篇

第一章 一般采矿业社会责任 ················· 3
 一、一般采矿业在国民经济中的地位 ················· 3
 二、一般采矿业响应国家政策，履行社会责任 ················· 4
 三、一般采矿业社会责任特征及要求 ················· 6

第二章 一般采矿业社会责任报告特征与趋势 ················· 11
 一、国际一般采矿业社会责任报告特征 ················· 11
 二、国内一般采矿业社会责任报告发展趋势 ················· 14

第三章 一般采矿业社会责任议题 ················· 17
 一、市场绩效（M系列） ················· 17
 二、社会绩效（S系列） ················· 18
 三、环境绩效（E系列） ················· 18

指标篇

第四章 报告指标详解 ················· 23
 一、报告前言（P系列） ················· 23
 二、责任管理（G系列） ················· 30
 三、市场绩效（M系列） ················· 42

四、社会绩效（S 系列） 54

五、环境绩效（E 系列） 79

六、报告后记（A 系列） 95

第五章 指标速查 99

一、行业特征指标表（35 个） 99

二、核心指标表（130 个） 100

三、通用指标表（197 个） 105

管 理 篇

第六章 报告全生命周期管理 115

一、组织 116

二、参与 118

三、界定 122

四、启动 126

五、撰写 127

六、发布 129

七、反馈 130

第七章 报告质量标准 131

一、过程性 131

二、实质性 132

三、完整性 133

四、平衡性 134

五、可比性 135

六、可读性 135

七、创新性 136

案例篇

第八章 责任始于实践，汇于报告——中国黄金集团 CSR 报告管理 ………… 141
 一、中国黄金集团简介 ……………………………………………… 141
 二、履责历程 ………………………………………………………… 142
 三、责任报告 ………………………………………………………… 143
 四、报告管理 ………………………………………………………… 144
 五、评级报告 ………………………………………………………… 154

附　录 …………………………………………………………………… 157
 一、参编机构 ………………………………………………………… 157
 二、支持单位 ………………………………………………………… 161
 三、参考文献 ………………………………………………………… 162

后　记 …………………………………………………………………… 167

总论篇

第一章 一般采矿业社会责任

按照矿产资源类别，一般采矿业[①]分为黑色金属采选业、有色金属采选业、非金属采选业及对地热资源、矿泉水资源和其他未列明的自然资源的开采活动。黑色金属采选业主要包括铁矿采选、锰矿铬矿采选及其他黑色金属矿如钒矿等黑色金属辅助原材料的采选。有色金属采选业指对常用有色金属矿、贵金属矿以及稀有稀土金属矿的开采、选矿活动；其中，常用有色金属矿的采选指对铜、铅、锌、镍、铬、锡、铝、镁、汞等常用有色金属矿的采选；贵金属矿采选指对在地壳中含量极少的金、银和铂族元素矿的采选。稀有稀土金属矿的采选指对在自然界中含量较小、分布稀散或难以从原料中提取，以及研究和使用较晚的金属矿开采、精选。

一、一般采矿业在国民经济中的地位

矿产资源是国民经济的基础，在国民经济中具有举足轻重的地位。主要表现在以下三个方面：

（1）由于冶金、化工、机械电子设备制造业、轻工业、核工业等工业部门的原材料都依赖金属矿产的开发，使得一般采矿业的发展与国民经济的发展息息相关。

（2）人均矿产资源的消费量与经济发展水平密切相关。社会发展经历了从前

[①] 由于煤矿及石油/天然气开采的特殊性，将煤矿采选与石油/天然气开采单列，故一般采矿业不包括煤矿及石油/天然气开采。

工业化社会到工业化社会的发展，人均矿产资源的消费量也从初始阶段经历了增长、成熟直至衰落阶段。社会工业化阶段是矿产资源消费高速增长时期。

（3）矿产资源消费与城镇化、工业化紧密相关。随着国家社会生产力、科学技术的进步以及产业结构的调整，农乡地区综合配套设施会进一步提高，农乡人口向城镇区集聚转移的趋势渐显，且农乡人员从事的职业也向第二、三产业转移。城镇化的实现将促进农乡人口生活水平、教育程度及个人素质等全方位的提高，这将进一步扩大工业化现代化的进程，这一进程需要大量的矿产资源作为支撑。

一方面，一般采矿业的发展可以带动上下游及关联产业的经济发展；另一方面，一般采矿业具备规模大，经营周期长，资本投入量大等特点，最大程度地开发了人力资源，提高了社会就业，促进了我国经济全面发展。

二、一般采矿业响应国家政策，履行社会责任

十八届三中全会对企业履行社会责任，建设美丽中国提出了要求。一般采矿业积极响应国家政策，努力承担社会责任，这对经济社会发展具有十分重要的作用。

（一）宏观层面——一般采矿企业履行社会责任，响应美丽中国建设

中共十八大指出，加强矿产资源勘查、保护、合理开发，发展循环经济，促进资源节约，保护生态环境，建设美丽中国。同时，党的十八届三中全会要求紧紧围绕建设美丽中国、深化生态文明体制改革，实行资源有偿使用制度和生态补偿制度。

一般采矿业履行经济责任，为国民经济发展提供了基础的生产资料和生活资料；同时产业发展也要履行环境责任。如果忽略生态要素将带来严重的环境问题，会影响国民经济发展的质量。因此，一般采矿企业履行社会责任，要将生态、环境要素纳入企业经营过程，响应国家生态文明建设，遵守产业生态、环境

关键指标要求，以负责任的态度有偿使用资源和生态补偿；同时主动出击，重视矿区生态恢复，挖掘环境污染、生态破坏关键指标，通过关怀社区、关怀矿区生态，促进矿区人与自然资源的和谐发展，为建设美丽中国贡献力量。

（二）中观层面——一般采矿企业履行社会责任，促进产业健康发展

国土资发〔2011〕184号文件《矿产资源节约与综合利用"十二五"规划》明确要求全面贯彻落实节约优先战略，按照加快转变经济发展方式和建设资源节约型、环境友好型社会的要求，以矿产资源合理利用与保护为主线，以转变资源开发利用方式为核心，以技术创新和制度创新为动力，以矿山企业为主体，以市场需求为导向，强化政策引导和制度约束，严格资源开发利用效率准入，加强资源开发利用过程监管，扩大资源节约与综合利用规模，确保资源的高效开发和有效保护，全面提高矿产资源开发利用水平，推动矿业走节约、绿色、高效的可持续发展之路。

一般采矿企业履行社会责任，要响应该文件的要求，加强企业技术创新能力建设，转变资源开发利用方式，走可持续发展之路；同时，一般采矿企业应积极主动履行社会责任，使企业上下达成共识，自主研发或合作研发资源节约、环境友好技术，推动矿区"两型"社会建设，促进产业健康发展。

（三）微观层面——一般采矿企业履行社会责任，保障企业良性发展

利益相关者责任是企业履行社会责任的重要关注点，而股东、员工、客户又是一般采矿业企业重要的内部利益相关者。因此，一般采矿企业履行利益相关者责任，才能保障企业良性发展。

股东是公司存在的基础，是公司的核心要素，没有股东就不可能有公司。从一般意义上说，股东是指持有公司股份或向公司出资者，享有按股分红、决策等权利。因此，企业应对股东履行社会责任。一般采矿业对股东责任主要体现在保护股东权益和提高财务绩效方面。员工是企业中通过劳动（体力劳动、脑力劳动）、技术等要素实现产品生产发展过程的雇佣群体，企业对员工利益的重视与否将直接影响到企业的有形资产和无形资产。一般采矿业企业又是威胁员工人身

安全的众矢之的。因此，一般采矿企业履行社会责任，应严格遵守《中华人民共和国安全生产法》相关规定，建立有效的安全生产预防机制，关爱员工生命安全，避免安全生产事故给企业带来的经济损失和形象损失，保障企业良性发展。客户就是上帝，企业产品的好坏与否，决定权在于客户认可度和满意度，所以维护客户关系尤为重要。一般采矿业的客户一般来说比较固定，然而客户却对产品的创新要求较高。因此，一般采矿企业履行客户责任时要把重点放在产品服务创新方面。

三、一般采矿业社会责任特征及要求

近年来，随着国家政策力度的加强、企业道德责任意识不断提升以及社会舆论监督力度的加大，社会责任工作在企业普遍开展，尤其是在央企、国企及大中型企业。在社会责任履行过程中，各行各业表现出不同的社会责任特征，也提出了不同的社会责任议题要求。一般采矿业尤其在安全生产、环保、职业健康、和谐矿区和数字矿山等方面表现出不同的特征和要求。

（一）安全生产

近年来，随着我国采取一系列重大措施加强安全生产工作，一般采矿业安全生产状况有所好转，但形势依然严峻。与其他行业相比，一般采矿业仍然属于高危行业，在我国突出表现为特大事故时有发生，严重威胁到员工的生命与财产安全。

在美国和澳大利亚，一般采矿业安全事故死亡率很低，被认为是非常安全的行业，这得益于他们不断地完善安全生产法规和政府投入大量财政用于改善矿区安全生产状况以及强调安全监察管理机构的独立性。在美国，一般采矿业依法治矿，加强安全立法，开展独立监察；注重安全管理，加强资质审核，重视安全培训；强调公共管理，健全应急救援体系，建立工伤保险制度。

借鉴国外的实践经验，我国一般采矿业应该继续加强在安全立法、安全管理、公共管理以及技术创新等方面的工作，完善保障措施，降低安全事故发生的概率。

(二) 环境保护

企业开展矿业活动对矿山生态环境影响是多方面的，突出表现在环境污染、生态资源破坏、地质灾害等方面。"废水、废气、废渣"的排放会造成大气污染、水污染和土地污染问题，矿山开采活动将打破矿区的生态系统平衡，如果不采取环保措施，最终将导致严重的地质灾害。

根据《中华人民共和国环境保护法》，为保护矿山环境，结合污染源的具体情况，采取如下技术措施：①实行机械通风；②控制生产过程中形成的有毒有害气体和粉尘，冲淡排放或选用适宜装置进行净化；③选用低噪声设备，对噪声大的设备采取隔声、减振、阻尼、吸声和消声等措施；④对爆破引起的振动和冲击波要进行预测，通过改进爆破技术，控制与消除其危害；⑤在开采过程中或开采结束后，对采空区、塌陷坑、废石场、尾矿库以及铁路和建筑物占用的土地进行改造和重新恢复，并对于重新恢复的土地一律都应重新植被。同时结合国家"两型"社会建设和建设美丽中国的要求，一般采矿业应重视在能源节约、降低温室气体排放和矿区生态恢复等方面的工作。

(三) 职业健康

在一般采矿业，采矿过程是一种特殊的作业条件，生产过程、劳动过程、生产环境都存在着特有的职业健康问题。采矿中产生的含有各种成分的粉尘、炮烟、毒气，直接作用于人体的噪声、振动，肮脏环境，繁重的体力劳动，不良的微小气体和污染的空气等都会对人体健康造成危害，严重的可造成职业病。采矿种类的不同，职业健康问题也会表现不同的特点。为了保护矿业工作人员的健康，企业上下要在遵守安全生产法规要求方面作出承诺，重视矿业作业培训，完善职业健康体检制度，以人为本，加强安全生产管理体系建设。

(四) 和谐矿区

企业的矿业活动出现的安全事故问题、环境问题和职业健康问题，既威胁到作业人员的生命健康，又造成了矿区生态环境的破坏，导致经济社会发展不协调以及人与自然发展不协调问题。

2011年10月，国土资源部提出开展和谐矿区建设综合改革试点的意见建议，和谐矿区试点的建设不仅响应了中央精神，也是维护矿区群众合法权益的措施。2013 年，国土资源部召开矿业循环经济暨绿色矿山和谐矿区经验交流会，会议上提出《关于积极推进和谐矿区建设的指导意见》，广泛征求各方面意见。矿产开发是国民经济的重要组成部分，建设和谐矿区社会主义和谐社会的重要内容也是实现矿业可持续发展的必由之路。近年来，我国在全国部署试点改革工作，为构建和谐矿区积累了一定的实践经验。2011 年，国土资源部和内蒙古自治区人民政府决定在锡林郭勒盟和鄂尔多斯市开展和谐矿区建设试点，提出了规范矿业开发秩序，依法保护环境，保障民生的政策措施并已取得初步成效。和谐矿区的建设成为落实矿业企业社会责任的重大突破口。

贯彻党的十六届六中全会提出的建设社会主义和谐社会精神，构建和谐矿区，正是为了解决矿区出现的经济社会发展不协调和人与自然发展不协调的问题。构建和谐矿区，要求以建设绿色矿区为重点，禁止在自然保护区、地质公园、地质遗迹保护区、重要饮用水资源保护区和原始林区等生态环境保护区范围内新建矿产资源开发项目，限制在划定区及天然次生林区开发利用矿产资源。

（五）数字矿山

数字矿山是对真实矿山整体及其相关现象的统一认识与数字化再现，是一个"硅质矿山"，是数字矿区的一个重要组成部分。数字矿山的核心是在统一的时间坐标和空间框架下，科学合理地组织各类矿山信息，将海量异质的矿山信息资源进行全面、高效和有序的管理和整合；数字矿山的任务是在矿业信息数据仓库的基础上，充分利用现代空间分析、数据采矿、知识挖掘、虚拟现实、可视化、网络、多媒体和科学计算技术，为矿产资源评估、矿山规划、开拓设计、生产安全和决策管理进行模拟、仿真和过程分析提供新的技术平台和强大工具。数字矿山是建立在数字化、信息化、虚拟化、智能化、集成化基础上的，由计算机网络管理的管控一体化系统，它综合考虑生产、经营、管理、环境、资源、安全和效益等各种因素，使企业实现整体协调优化，在保障企业可持续发展的前提下，达到提高其整体效益、市场竞争力和适应能力的目的。数字矿山的最终目标是实现矿山的综合自动化。

目前，数字矿山已成为国家战略资源安全保障体系的重要组成部分，为评价矿山资源生态环境提供重要的数据基础，是化解高危行业风险的根本途径。因此，企业应加强矿区信息化建设，积极探索数字矿山解决方案，实现矿山的综合自动化，以综合解决生产、资源、环境、安全、效益等问题。

第二章 一般采矿业社会责任报告特征与趋势

国际一般采矿业对企业履行社会责任的关注较早,社会责任报告已连续发布多年,而国内一般采矿业在发布企业社会责任报告方面起步较晚。鉴于此,分析国内外社会责任报告的趋势,一方面,可以了解国内外一般采矿业社会责任报告的特点、发展趋势以及共同点与差异;另一方面,借鉴国际经验,完善一般采矿业社会责任报告的全生命周期管理。

一、国际一般采矿业社会责任报告特征

企业社会责任报告是企业非财务信息披露的重要载体,它披露了以非财务指标来衡量评估的各个公司与内外部相关利益方责任履行状况。企业在运营过程中所涉及的雇员福利问题、环境污染问题、产品质量问题等越来越引起社会各方面的关注,同时也推动了企业对责任的关注与担当,要求企业更加关注相关利益方的责任。因此国际上出台了企业社会责任报告编写纲领,为企业社会责任报告书的编撰提供规范性框架。

首先,从国际一般采矿业发布企业社会责任报告的基本情况与趋势来看,各国一般采矿业的首份企业社会责任报告普遍出现较早,且历史悠久,体现了国际一般采矿业对社会责任报告披露的重要性认识较早。其次,国际一般采矿业企业社会责任报告近几年篇幅有所增长,且报告框架及内容多参照国际标准。再次,国际一般采矿业企业社会责任报告具有"用数据说话"的普遍特点。最后,国际一般采矿业社会责任报告的披露方向重点突出体现在企业社会责任的安全生产与

环境责任减排降污方面。

根据 2013 年 500 强财富榜单，本书选取了国际排名前 5 的一般采矿业为目标企业，对其社会责任报告的基本信息总结如表 2-1 所示。

表 2-1　国际一般采矿业社会责任报告基本信息（2012 年）

500 强排名	企业名称（中文）	总部所在地	营业收入（百万美元）	首份社会责任报告	报告页码
1（115）	必和必拓	澳大利亚	72226.0	2001	54
2（195）	力拓集团	英国	50967.0	2008	92
3（210）	巴西淡水河谷公司	巴西	47694.0	2006	217
4（360）	斯特拉塔	瑞士	31618.0	2002	82
5（399）	英美资源集团	英国	28761.0	2002	62

（一）国际一般采矿业对企业社会责任报告重要性认识较早，从发布单一报告到发布综合性报告

根据表 2-1，国际一般采矿业的首份企业社会责任报告普遍出现较早，且历史悠久。例如，总部位于墨尔本、以经营石油和矿产为主的著名跨国公司必和必拓公司（BHP BILLITON）首份企业可持续报告发布于 2001 年，并连续 12 年坚持向相关利益方披露社会责任信息，体现了必和必拓公司对企业社会责任报告编制及披露的重要性的认识和关注，在一般采矿业发布社会责任报告方面发挥了很好的带动作用。另外，国际一般采矿业企业从初期发布具有单一性、针对性特点的产品报告、健康报告、安全报告、环境报告、社区报告，发展到现在发布包含企业可持续发展框架、产品责任、健康责任、安全责任、环境责任、社区责任等在内的具有综合性特点的报告，报告内容更加丰富，为利益相关者传递更多企业社会责任信息。以必和必拓为例，2001~2004 年发布的是健康、安全、环境和社区年度报告，报告关注的是单一社会责任议题；2005 年至今发布的是年度可持续发展报告，报告综合了企业的社会责任框架和社会责任的重点议题。

（二）国际一般采矿业社会责任报告篇幅较长，报告框架及内容多参照国际标准

根据表 2-1，以世界第一大铁矿石生产和出口商巴西淡水河谷公司为例。2006 年社会责任报告篇幅长达 217 页，2010 年及 2011 年的可持续发展报告篇幅

分别长达 133 页与 113 页；报告编撰从框架及内容上遵守全球报告倡议组织（GRI）标准，明确披露了企业责任战略及概况，制定了社会责任管理方针，并明确声明了与目标战略相应的绩效指标。

（三）国际一般采矿业企业社会责任报告具有"用数据说话"的显著特点

国际一般采矿业社会责任报告具有"用数据说话"的显著特点，这与采用 GRI 可持续发展报告编写标准（如 G4）密切相关。在 G4 中对于可说明一般采矿业社会责任绩效两大关键指标分别为环境效益指标与社会效益指标（见表 2-2），且这两大指标大多数为可计量指标，即均有可用于该指标说明的数据，这不可避免地使报告中出现大量的数据。

表 2-2 必和必拓环境责任和社会责任定量指标举例

社会责任议题		定量指标
环境责任	减少对气候变化的影响	能源使用类别比例
		能源使用总量
		温室气体排放类别比例
		温室气体排放总量
		未来温室气体减排目标
	水资源管理	水资源使用类别比例
		高品质水按类别使用量
社会责任	积极为社区服务	社区投资目标
		按地区划分的社区投资支出
		按项目类别划分的社区投资支出
		捐赠
		捐赠支出分布比例

（四）国际一般采矿业将社会责任报告披露方向重点放在安全生产与环境责任减排降污方面

国际一般采矿业的社会责任报告普遍将篇幅重点放在企业的安全生产、废气废水减排、厂区与周边生态环境治理以及积极应对气候变化上，这同时体现了一般采矿业的行业特性。英美资源集团是全球领先的多样化矿业和自然资源集团，总部位于伦敦。从起于 2011 年的可持续发展报告中可知，有关安全生产及环境责任方面的报告篇幅占据整体报告的一半,必和必拓公司也用大量篇幅描述员工安全生产及水资源管理、应对气候能源、生物多样性、土地资源管理等方面的措施及绩效。力拓集团在2012年可持续发展报告中,针对废气及废弃物的减排治理方面,将二氧化硫、氮氧化物(NO_x)、氟化物、汞的排放治理情况分别作了详细阐述。

二、国内一般采矿业社会责任报告发展趋势

通过观察和回顾一般采矿业近两年来企业发布社会责任报告的情况可以看到,社会责任报告发布的企业数量不断增加,报告的质量不断提高,一般采矿业越来越重视企业社会责任报告的编制、发布和质量。

(一)社会责任报告发布的企业数量呈增长趋势

一般采矿业中,2013年发布社会责任报告的企业为25家(见表2-3),其中国有企业21家,民营企业3家,外资企业1家;2012年,发布社会责任报告的一般采矿企业为22家,其中有19家国有企业,3家民营企业。经过两年报告数量对比得到,发布社会责任报告的企业数量增加3家,国有企业数量增加2家,首次出现外资企业报告,说明一般采矿业对企业社会责任报告认同度增强,报告的发布也越来越得到重视,外资企业也意识到发布企业社会责任报告的重要性。

表2-3 2013年一般采矿业发布社会责任报告的企业名单

企业名称	报告份数	2012年报告页数
中国铝业公司	8	82
中国五矿集团公司	6	94
中国中钢集团公司	6	100
中国铝业股份有限公司	5	61
深圳市中金岭南有色金属股份有限公司	5	20
云南驰宏锌锗股份有限公司	5	10
中国有色金属建设股份有限公司	5	10
中国冶金科工股份有限公司	4	61
内蒙古包钢稀土(集团)高科技股份有限公司	4	36

续表

企业名称	报告份数	2012年报告页数
上海创兴资源开发股份有限公司	4	5
金堆城钼业股份有限公司	4	7
山东金岭矿业股份有限公司	4	5
中国黄金集团公司	3	96
中国黄金国际资源有限公司	3	70
贵州开磷（集团）有限责任公司	3	53
西部矿业股份有限公司	3	22
广东省广晟资产经营有限公司	2	112
中国有色矿业集团有限公司	2	70
贵州锦丰矿业有限公司	2	28
湖南辰州矿业股份有限公司	2	11
西藏矿业发展股份有限公司	2	9
盛屯矿业集团股份有限公司	2	6
贵州省松桃太丰矿业有限责任公司	1	16
洛阳栾川钼业集团股份有限公司	1	17
西藏华泰龙矿业开发有限公司	1	5

（二）社会责任报告的质量不断提高

虽然目前一般采矿业企业社会责任报告发布的绝对数量较少、绝对质量尚处于较低阶段，但是随着一般采矿业企业社会责任报告发布数量的增长，以及企业的重视程度加强，行业内企业社会责任报告的整体质量、报告内容的合理性等方面有所改善。

从报告综合得分来看，2013年，一般采矿业25家企业社会责任报告综合得分为43.7分，处于发展阶段，即二星级水平；2012年，22家企业社会责任报告综合得分是40.9分，处于发展阶段，即二星级水平。对比发现，虽然一般采矿业目前的企业社会责任报告综合得分都处于发展阶段，但是我们看到，综合得分有所提高，说明一般采矿业企业社会责任报告的整体质量在提高。进一步对比两年中社会责任报告处于一星级水平的企业比例（见表2-4），2013年行业内有9家企业社会责任报告综合得分处于一星级水平，占发布报告企业总量的36%；而2012年行业内有11家企业社会责任报告综合得分处于一星级水平，占样本总量的50%。可知，一般采矿业企业社会责任报告得分处于起步阶段的数量减少、比例减小，但企业对社会责任报告编写的认知和理解加深，同时也反映了行业内企业更加重视社会责任报告。

表 2-4 一般采矿业社会责任报告综合得分对比

报告综合得分（分）		得分处于一星级水平的比例（%）	
2013 年	2012 年	2013 年	2012 年
43.7	40.9	36	50

从报告评价六大性质来看，平衡性和完整性得分有所降低，但仍处于二星级水平；可读性、实质性、创新性和可比性得分均有所上升（见表2-5）。具体来看，行业内企业社会责任报告实质性得分明显提高，2013年处于三星级水平，企业更加关注与社会责任相关的行业特征议题、时代议题和关键利益相关方；报告的创新性也在提高，部分企业使用（或正在研发）自己的社会责任报告编写体系。

表 2-5 报告评价六大性质得分对比

六大性质	2013 年	2012 年
平衡性	32.5 分（二星级水平）	49.3 分（二星级水平）
可读性	46.0 分（二星级水平）	44.2 分（二星级水平）
实质性	57.8 分（三星级水平）	43.1 分（二星级水平）
完整性	39.1 分（二星级水平）	42.1 分（二星级水平）
创新性	34.2 分（二星级水平）	30.3 分（二星级水平）
可比性	23.9 分（一星级水平）	21.7 分（一星级水平）

另外，从报告内容的丰富性来看，2013年12家企业发布的社会责任报告页数在20页以下，而2012年是15家，在一定程度上反映了行业内企业更加注重报告内容的丰富性。

第三章 一般采矿业社会责任议题

一般采矿业具备自身行业特征,其在市场、社会和环境领域拥有完全不同的社会责任议题。

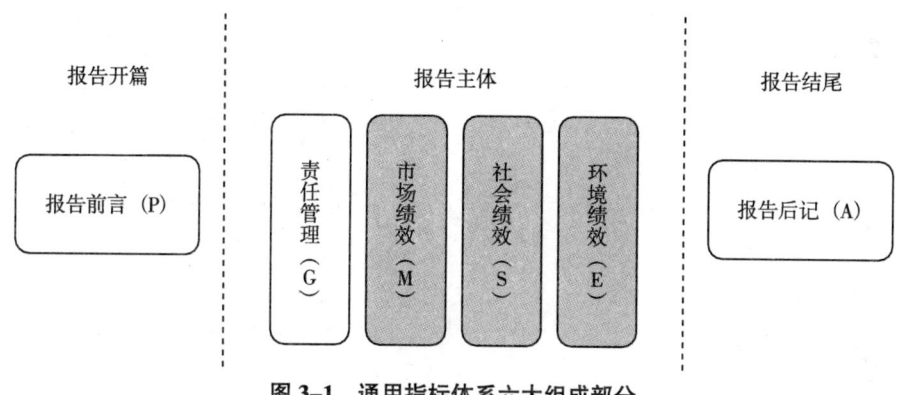

图 3-1 通用指标体系六大组成部分

一、市场绩效（M 系列）

一般框架指标		一般采矿业指标	
股东责任（M1）	股东权益保护	股东责任（M1）	股东权益保护
	财务绩效		财务绩效
客户责任（M2）	基本权益保护	资源可持续开发（M2）	资源开发
	产品质量		综合利用
	产品服务创新		科技创新
	客户满意度	产业链责任（M3）	责任采购
伙伴责任（M3）	促进产业发展		客户责任
	价值链责任		行业发展
	责任采购		价值链责任

二、社会绩效（S 系列）

	一般框架指标		一般采矿业指标
政府责任（S1）	守法合规	政府责任（S1）	守法合规
	政策响应		政策响应
员工责任（S2）	基本权益保护	员工责任（S2）	基本权益保护
	薪酬福利		薪酬福利
	平等雇佣		平等雇佣
	职业健康与安全		职业健康与安全
	员工发展		员工发展
	员工关爱		员工关爱
安全生产（S3）	安全生产管理	安全生产（S3）	安全生产管理
	安全教育与培训		安全生产文化
	安全生产绩效		安全生产绩效
社区参与（S4）	本地化运营	和谐矿区（S4）	负责任开采与生产
	公益慈善		社区发展
	志愿者活动		公益慈善
			志愿者活动

三、环境绩效（E 系列）

	一般框架指标		一般采矿业指标
绿色经营（E1）	环境管理体系	绿色经营（E1）	环境管理体系
	环保培训		环保培训
	环境信息公开		环境信息公开
	绿色办公		绿色办公
绿色工厂（E2）	能源管理	绿色工厂（E2）	能源管理
	清洁生产		清洁生产
	循环经济		循环经济
	节约水资源		减少温室气体排放
绿色产品（E3）	减少温室气体排放	绿色矿山（E3）	保护生物多样性
	绿色供应链		生态恢复
	绿色低碳产品研发		节约土地资源
	产品包装物回收再利用		环保公益

续表

一般框架指标		一般采矿业指标
绿色生态 E4	生物多样性	—
	生态恢复与治理	
	环保公益	

指标篇

第四章 报告指标详解

《指南》中报告指标体系由六大部分构成：报告前言（P）、责任管理（G）、市场绩效（M）、社会绩效（S）、环境绩效（E）和报告后记（A）（如图4-1所示）。

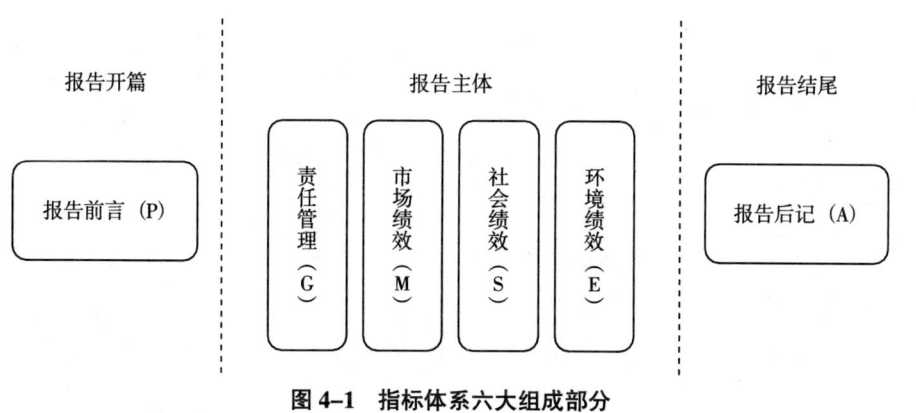

图4-1 指标体系六大组成部分

一、报告前言（P系列）

本板块依次披露报告规范、报告流程、高管致辞、企业简介（含公司治理概

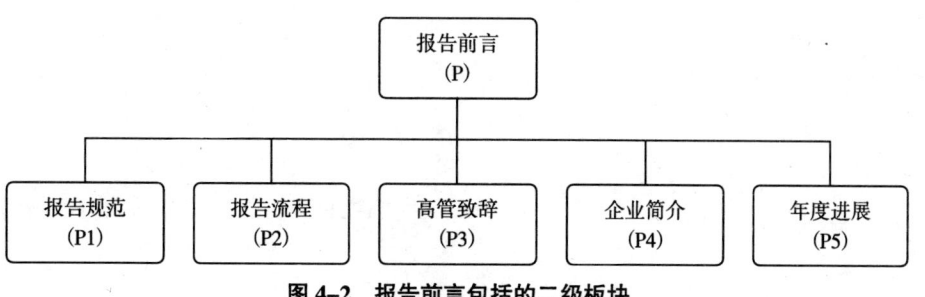

图4-2 报告前言包括的二级板块

况）以及年度进展。

（一）报告规范（P1）

扩展指标 P1.1 报告审核程序或审核结果

指标解读：社会责任报告审核程序或审核结果指在社会责任报告编写完成后，公司通过什么程序或流程确保报告披露信息正确、完整、平衡以及审核结果。

核心指标 P1.2 报告信息说明

指标解读：主要包括第几份社会责任报告、报告发布周期、报告参考标准和数据说明等。

> **示例**
> 本报告为中国黄金集团公司发布的第三份企业社会责任报告。
> 本报告为年度报告，在时间跨度上以2012年度为主，范围上涵盖集团公司总部及下属机构。
> 本报告根据《中国企业社会责任报告编写指南（CASS-CSR2.0）》，结合联合国全球契约十项原则，并参考GRI-G3指标体系进行编写。
> 全部信息数据来自于公司正式文件、统计报告与财务报告，以及经集团公司各职能部门统计、汇总与审核的各经营单位可持续发展实践信息。
> ——《中国黄金集团公司2012年企业社会责任报告》P91

核心指标 P1.3 报告边界

指标解读：主要指报告信息和数据覆盖的范围，如是否覆盖下属企业、合资企业以及供应链。

由于各种原因（如并购、重组等），一些下属企业或合资企业在报告期内无法纳入社会责任报告的信息披露范围，企业必须说明报告的信息边界。此外，如果企业在海外运营，需在报告中说明哪些信息涵盖了海外运营组织；如果企业报告涵盖供应链，需对供应链信息披露的原则和信息边界做出说明。

> **示例**
> 本报告为年度报告，在时间跨度上以2012年度为主，范围上涵盖集团

公司总部及下属机构。

——《中国黄金集团公司2012年企业社会责任报告》P91

核心指标 P1.4 报告体系

指标解读：主要指公司的社会责任信息披露渠道和披露方式。社会责任信息披露具有不同的形式和渠道。部分公司在发布社会责任报告的同时发布国别报告、产品报告、环境报告、公益报告等，这些报告均是企业披露社会责任信息的重要途径，企业应在社会责任报告中对这些信息披露形式和渠道进行介绍。

示例

报告体系：

年度信息披露——年度可持续发展报告（2006~2011）；

专项信息披露——环境保护白皮书（2012年）和《每一滴油都是承诺——中国石化社会责任理论与实践》（2012年）；

日常信息披露——公司社会责任网站专栏：

http://www.sinopec.com/environment_society/

——《中国石化2012年可持续发展进展报告》（封一）

核心指标 P1.5 联系方式

指标解读：主要包括解答报告及其内容方面问题的联络人及联络方式和报告获取方式及延伸阅读。

示例

若要索取本报告，请致函中国黄金集团公司运营管理部。您也可登录中国黄金集团公司网站 www.chinagoldgroup.com，在"社会责任"频道中浏览本报告的电子版以及中国黄金集团公司社会责任工作的动态信息。

中国黄金集团公司运营管理部

地　　址：中国北京市东城区安定门外大街9号（100011）

电　　话：86-10-56353529

传　　真：86-10-56353534

电子邮箱：CSR@chinagoldgroup.com

——《中国黄金集团公司2012年企业社会责任报告》P91

（二）报告流程（P2）

扩展指标　P2.1 报告编写流程

指标解读：主要指公司从组织、启动到编写、发布社会责任报告的全过程。完整、科学的报告编写流程是报告质量的保证，也有助于利益相关方更好地获取报告信息。

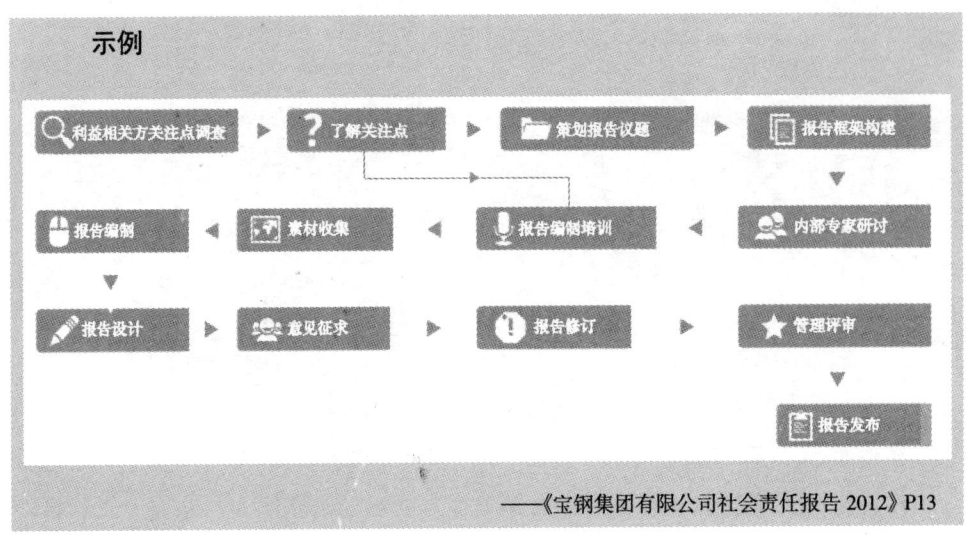

示例

——《宝钢集团有限公司社会责任报告2012》P13

核心指标　P2.2 报告实质性议题选择程序

指标解读：主要指在社会责任报告过程中筛选实质性议题的程序、方式和渠道。同时也包括实质性议题的选择标准。企业在报告中披露实质性议题选择程序，对内可以规范报告编写过程，提升报告质量，对外可以增强报告的可信度。

扩展指标　P2.3 利益相关方参与报告过程的程序和方式

指标解读：主要描述利益相关方参与报告编写方式和程序。利益相关方参与报告编写的方式和程序包括但不限于：

（1）利益相关方座谈会。

（2）利益相关方访谈与调研。

（3）利益相关方咨询等。

（三）高管致辞（P3）

高管致辞是企业最高领导对企业社会责任工作的概括性阐释。高管致辞代表了企业最高领导人（团队）对社会责任的态度和重视程度。包括以下两个方面的内容：

核心指标　P3.1 企业履行社会责任的机遇和挑战

指标解读：主要描述企业实施社会责任工作的战略考虑及企业实施社会责任为企业带来的发展机遇。

核心指标　P3.2 企业年度社会责任工作成绩与不足的概括总结

指标解读：主要指企业本年度在经济、社会和环境领域取得了哪些关键绩效，以及存在哪些不足和改进。

（四）企业简介（P4）

核心指标　P4.1 企业名称、所有权性质及总部所在地

指标解读：主要介绍企业的全称、简称，企业所有权结构，以及企业总部所在的省市。

> **示例**
>
> 中国黄金集团公司（以下简称中国黄金）是国务院国资委管理的黄金行业唯一一家中央企业。
>
> ——《中国黄金集团公司 2012 年企业社会责任报告》P4

核心指标　P4.2 企业主要品牌、产品及服务

指标解读：通常情况下，企业对社会和环境的影响主要通过其向社会提供的产品和服务实现。因此，企业应在报告中披露其主要品牌、产品和服务，以便于报告使用者全面理解企业的经济、社会和环境影响。

> **示例**
>
> 中国黄金主要从事金、银、铜、钼等有色金属以及铁的勘察设计、资源

开发、产品生产和贸易以及工程总承包等业务，是集地质勘探、矿山开采、选矿冶炼、产品精炼、加工销售、科研开发和工程设计与建设于一体的综合性大型矿业公司。

——《中国黄金集团公司2012年企业社会责任报告》P10

核心指标 P4.3 企业运营地域及运营架构，包括主要部门、运营企业、附属及合营机构

指标解读：企业运营地域、运营企业界定了其社会和环境影响的地域和组织，因此，企业在报告中应披露其运营企业，对于海外运营企业还应披露其运营地域。

示例

中国黄金总部共设20个部门，下设中金黄金、中金国际、中金珠宝、中金建设、中金资源、中金辐照六大板块企业，构建了内蒙古乌山、内蒙古苏尼特、内蒙古太平、湖北三鑫等23个黄金和有色生产基地。

——《中国黄金集团公司2012年企业社会责任报告》P6

核心指标 P4.4 按产业、顾客类型和地域划分的服务市场

指标解读：企业的顾客类型、服务地域和服务市场界定了其社会和环境影响的范围，因此，企业应在报告中披露其服务对象和服务市场。

示例

中国五矿主业分布在黑色金属、有色金属、金融、地产等领域，以金属及矿产品勘探开发、冶炼加工、贸易流通为核心主业，以金融服务、地产建设、矿冶科技等为新兴业务，是一家大型跨国金属矿产企业集团，经营范围遍布全球26个国家和地区。

——《中国五矿集团公司2012年社会责任报告》P4

核心指标 P4.5 按雇佣合同（正式员工和非正式员工）和性别分别报告员工总数

指标解读：从业人员指年末在本企业实际从事生产经营活动的全部人员。包括：在岗的职工（合同制职工）、临时工及其他雇用人员、留用人员，不包括与法人单位签订劳务外包合同的人员，同样不包括离休、退休人员。

> **示例**
>
> 2012年，用工总数206528人，固定用工和临时用工比例为9∶1。
>
> ——《中国铝业公司2012年社会责任报告》P32

扩展指标　P4.6 列举组织在协会、国家或国际组织中的会员资格

指标解读：企业积极参与协会组织以及国际组织一方面是企业自身影响力的表现，另一方面可以发挥自身在协会等组织的影响力，带动其他企业履行社会责任。

扩展指标　P4.7 报告期内关于组织规模、结构、所有权或供应链的重大变化

指标解读：主要指企业发生重大调整的事项。企业改革往往对企业本身和利益相关方都将产生深远影响，企业披露重大调整事项有助于加强利益相关者沟通及寻求支持。

> **示例**
>
> 中国五矿集团公司自2010年完成整体改制后，设立中国五矿股份有限公司（简称"五矿股份"），将中国五矿98%资产量注入五矿股份，并以五矿股份作为运营平台。按照《公司法》和现代企业管理制度的要求，设置股东大会、董事会和监事会。股东大会是公司的权力机构。董事会是公司经营管理的决策机构，研究决定重要经营管理问题。五矿股份的董事长为公司法定代表人。
>
> ——《中国五矿集团公司2012年社会责任报告》P5

（五）年度进展（P5）

年度进展主要包括报告期内企业社会责任工作的年度绩效对比表、关键绩效数据表以及报告期内企业所获荣誉列表。社会责任工作绩效对比表主要从定性的

角度描述企业社会责任管理及社会责任实践组织机构、规章制度的完善以及管理行为的改进等；关键绩效数据表主要从定量的角度描述企业社会责任工作取得的可以数量化的工作成效；报告期内公司荣誉表主要对报告期内企业所获荣誉进行集中展示。

核心指标 P5.1 年度社会责任重大工作

指标解读：年度社会责任工作进展主要指从战略行为和管理行为的角度出发，企业在报告年度内做出的管理改善，包括但不限于：

（1）制定新的社会责任战略；

（2）建立社会责任组织机构；

（3）在社会责任实践领域取得的重大进展；

（4）下属企业社会责任重大进展等。

核心指标 P5.2 年度责任绩效

指标解读：年度责任绩效主要从定量的角度出发披露公司在报告期内取得的重大责任绩效，包括但不限于以下内容：

（1）财务绩效；

（2）客户责任绩效；

（3）伙伴责任绩效；

（4）员工责任绩效；

（5）社区责任绩效；

（6）环境责任绩效等。

核心指标 P5.3 年度责任荣誉

指标解读：年度责任荣誉主要指公司在报告期内在责任管理、市场责任、社会责任和环境责任方面获得的重大荣誉奖项。

二、责任管理（G 系列）

有效的责任管理是企业实现可持续发展的基石。企业应该推进企业社会责任管理体系的建设，并及时披露相关信息。根据最新研究成果，[①]企业社会责任管理体系包括责任战略、责任治理、责任融合、责任绩效、责任沟通和责任能力六大部分。其中，责任战略的制定过程实际上是企业社会责任的计划（Plan-P）；责任治理、责任融合的过程实际上是企业社会责任的执行（Do-D）；责任绩效和报告是对企业社会责任的评价（Check-C）；调查、研究自己社会责任工作的开展情况、利益相关方意见的反馈以及将责任绩效反馈到战略的过程就是企业社会责任的改善（Act-A）。这六项工作整合在一起便构成了一个周而复始、闭环改进的PDCA过程，推动企业社会责任管理持续发展。

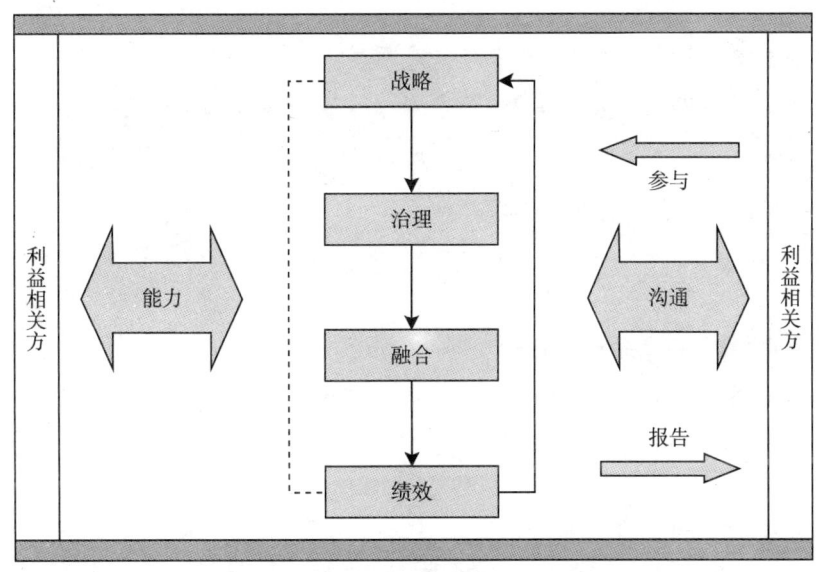

图 4-3　企业社会责任管理的六维框架

（一）责任战略（G1）

社会责任战略是指公司在全面认识自身业务对经济社会环境影响、全面了解利益相关方需求的基础上，制定明确的社会责任理念、核心议题和社会责任规划，包括社会责任理念、社会责任倡议、社会责任议题和社会责任规划四个方面。

核心指标　G1.1　社会责任理念、愿景及价值观

[①] 该框架系国资委软课题《企业社会责任推进机制研究》成果，课题组组长：彭华岗，副组长：楚序平、钟宏武，成员：侯洁、陈锋、张璟平、张蒽、许英杰。

指标解读：该指标描述企业对经济、社会和环境负责任的经营理念、愿景及价值观。

> **示例**
> "开发有限资源，满足社会需求"是中国黄金对企业社会责任的理解。黄金资源无论对中国还是世界而言，都是有限的、宝贵的、稀缺的资源。
> 中国黄金坚持充分、合理、科学开发利用的原则，在国家矿产资源开发规划和产业政策的指导下，运用现金技术，进行黄金资源的规模开采和综合利用。
> 中国黄金郑重承诺：绝不在任何地方以牺牲生态环境为代价从事黄金生产。中国黄金不单纯追求金融意义上的黄金，而是在创造物质财富的同时，义不容辞地承担社会责任和义务，发展和弘扬黄金文化。积极践行黄金为民理念，推动绿色矿山、和谐矿山建设。
> ——《中国黄金集团公司 2012 年企业社会责任报告》P12

扩展指标 G1.2 企业签署的外部社会责任倡议

指标解读：企业签署外部社会责任倡议体现了其对社会责任的重视，同时，外部社会责任倡议也是公司履行社会责任的外部推动力。

> **示例**
> 中国五矿作为"全球契约 LEAD"项目成员，按照《企业可持续发展领导力蓝图》，积极将全球契约十项原则融入公司治理，在联合国全球契约组织的平台上分享可持续发展经验，发挥金属矿产行业领军企业的领导力和带动力。
> ——《中国五矿集团公司 2012 年可持续发展报告》P17

核心指标 G1.3 辨识企业的核心社会责任议题

指标解读：本指标主要描述企业辨识社会责任核心议题的工具和流程，以及企业的核心社会责任议题包括的内容。企业辨识核心社会责任议题的方法和工具包括但不限于：

(1) 利益相关方调查；
(2) 高层领导访谈；
(3) 行业背景分析；
(4) 先进企业对标等。

示例

可持续发展重大议题识别：中国五矿高度重视对可持续发展重大议题的管理，根据公司战略和企业管理的现状，在全面了解利益相关方诉求的基础上，明确了公司对可持续发展重大议题采取应对措施的迫切程度，建立了可持续发展重大议题矩阵，为改进可持续发展管理提供了依据。

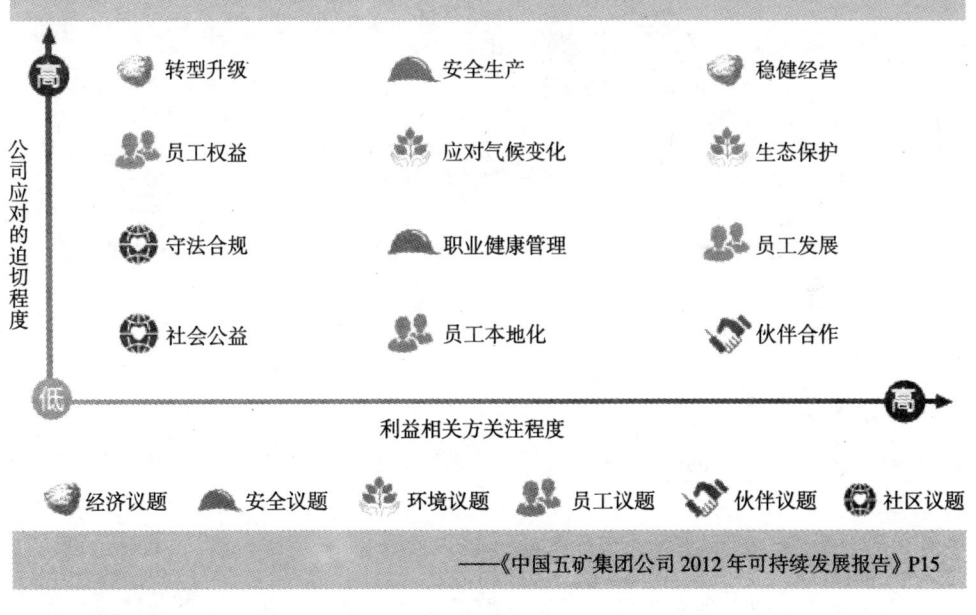

——《中国五矿集团公司2012年可持续发展报告》P15

扩展指标 G1.4 企业社会责任规划

指标解读：社会责任规划是企业社会责任工作的有效指引。本指标主要描述企业社会责任工作总体目标，阶段性目标，保障措施等。

示例

社会责任规划

2015
领先
细化完善集团公司本部社会责任管理考核体系,建立健全集团内部社会责任沟通机制,探索集团外部信息沟通方式方法;编制集团公司 2012 年企业社会责任报告书,力求集团公司通过社会责任报告发布产生良好的社会效果;制定权属公司社会责任工作管理考核体系,全面推进权属公司社会责任工作普遍开展。
2014
领先
建立比较完善的社会责任管理考核体系、内外沟通机制;编制集团公司 2013 年企业社会责任报告书,力求集团公司通过社会责任报告发布产生品牌效应;扎实推进权属公司社会责任工作全面开展。
2015
卓越
深入研究行业性质和集团公司特点,建立一整套成熟的、具有黄金特色的社会责任管理考核体系和集团内外有效沟通机制,使之全面融入生产经营各环节,成为集团公司实现科学发展、推进持续经营、营造良好声誉、争创世界一流矿业公司的有力武器。编制集团公司 2014 年企业社会责任报告书,确保社会责任工作在全集团蓬勃开展,切实达到社会责任工作"内强素质、外树形象"的要求。

——《中国黄金集团公司 2012 年企业社会责任报告》P85

(二)责任治理(G2)

CSR 治理是指通过建立必要的组织体系、制度体系和责任体系,保证公司 CSR 理念得以贯彻,保证 CSR 规划和目标得以落实,包括 CSR 组织、CSR 制度等。

扩展指标　G2.1 社会责任领导机构

指标解读:社会责任领导机构是指由企业高层领导(通常是企业总裁、总经理等高管)直接负责的、位于企业委员会层面最高的决策、领导、推进机构,例如社会责任委员会、可持续发展委员会、企业公民委员会等。

示例:

公司社会责任工作委员会是公司社会责任的高层管理和协调机构,负责公司社会责任战略规划的审议、社会责任政策和制度的制定、社会责任管理与推进体系的建设、检查监督社会责任计划推进情况。公司总经理、党组书记任工作委员会主任。

——《中国铝业公司 2012 年社会责任报告》P22

扩展指标　G2.2 利益相关方与企业最高治理机构之间沟通的渠道或程序

指标解读：利益相关方与最高治理机构之间的沟通和交流是利益相关方参与的重要内容和形式。企业建立最高治理机构和利益相关方之间的沟通渠道有助于从决策层高度加强与利益相关方的交流，与利益相关方建立良好的伙伴关系。

核心指标　G2.3 建立社会责任组织体系

指标解读：本指标主要包括以下两个方面的内容：明确或建立企业社会责任工作的责任部门；企业社会责任工作部门的人员配置情况。

一般而言，社会责任组织体系包括以下三个层次：

（1）决策层，主要由公司高层领导组成，负责公司社会责任相关重大事项的审议和决策；

（2）组织层，公司社会责任工作的归口管理部门，主要负责社会责任相关规划、计划和项目的组织推进；

（3）执行层，主要负责社会责任相关规划、计划和项目的落实执行。

示例

公司社会责任工作委员会是公司社会责任的高层管理和协调机构，负责公司社会责任战略规划的审议、社会责任政策和制度的制定、社会责任管理与推进体系的建设、检查监督社会责任计划推进情况。公司总经理、党组书记任工作委员会主任。

公司社会责任工作办公室，作为社会责任工作委员会的日常办事机构，负责落实工作委员会的各项决议，编制公司社会责任规划和工作计划，开展社会责任培训，协调公司社会责任相关工作，开展社会责任工作的日常社会责任组织管理架构管理，编制和发布社会责任报告，进行社会责任理论研究和实践调研，加强与利益相关方的沟通。

2012 年，公司各板块公司、实体企业都建立了各自的社会责任领导小组。中国铝业、云南铜业等上市公司进一步健全社会责任管理体系，建立起了各自的社会责任工作委员会、社会责任领导小组及办公室，充实了专（兼）职工作人员和联络员队伍。我们的社会责任管理和工作人员队伍已超过1160人，其中，联络员70多人。

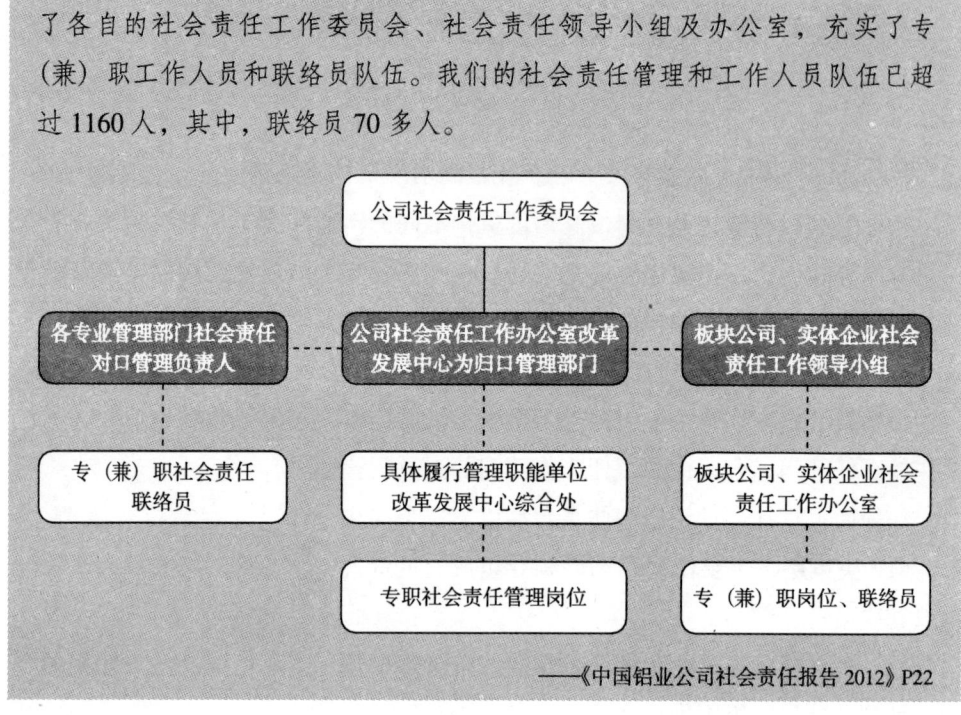

——《中国铝业公司社会责任报告2012》P22

核心指标　G2.4 社会责任组织体系的职责与分工

指标解读：由于社会责任实践由公司内部各部门具体执行，因此，在企业内部必须明确各部门的社会责任职责与分工。

扩展指标　G2.5 社会责任管理制度

指标解读：社会责任工作的开展落实需要有力的制度保证。企业社会责任制度包括社会责任沟通制度、信息统计制度、社会责任报告的编写发布等制度。

示例

2012年，我们在社会责任相关制度建设方面的主要工作有：

（1）出台了《中国铝业公司社会责任工作规划》，确立了三年内迈入中央企业社会责任先进行列的目标。

（2）研究制订《中国铝业公司社会责任工作管理办法》，推动社会责任工作迈向制度化、规范化、科学化。

（3）参照国际标准要求，制订了《中国铝业公司社会责任报告编制指南》，确定企业社会责任的报告编制依据，报告周期和发布时间，按制度定期编制社会责任报告，承担相应的法律责任。

——《中国铝业公司 2012 年社会责任报告》P23

（三）责任融合（G3）

责任融合是指企业将 CSR 理念融入企业经营发展战略和日常运营，包括推进专项工作转变、推动下属企业履行社会责任、推动供应链合作伙伴履行社会责任等。

扩展指标　G3.1 推进下属企业社会责任工作

指标解读：本指标主要描述企业下属企业的社会责任工作情况，包括下属企业发布社会责任报告、对下属企业进行社会责任培训、在下属企业进行社会责任工作试点、对下属企业社会责任工作进行考核与评比等。

扩展指标　G3.2 推动供应链合作伙伴履行社会责任

指标解读：本指标包括两个层次：描述企业对合作机构、同业者以及其他组织履行社会责任工作的倡议；推进其他企业的社会责任意识。

（四）责任绩效（G4）

CSR 绩效是指企业建立社会责任指标体系，并进行考核评价，以确保社会责任目标的实现，包括社会责任指标体系和社会责任考核评价等方面。

扩展指标　G4.1 构建企业社会责任指标体系

指标解读：本指标主要描述企业社会责任评价指标体系的构建过程和主要指标。建立社会责任指标体系有助于企业监控社会责任的运行情况。

> **示例**
>
> 我们与国内专业咨询机构合作，依据公司社会责任现状与特点，探索建立公司社会责任指标管理体系，着手编制公司社会责任发展规划。
>
> ——《中国有色矿业集团公司 2012 年社会责任报告》P11

扩展指标　G4.2 依据企业社会责任指标进行绩效评估

指标解读：本指标主要描述企业运用社会责任评价指标体系，对履行企业社会责任的绩效进行评价的制度、过程和结果。

扩展指标　G4.3 企业社会责任优秀评选

指标解读：本指标主要描述企业内部的社会责任优秀单位、优秀个人评选或优秀实践评选相关制度、措施及结果。

> **示例**
> 公司创新社会责任管理方法，发起优秀社会责任实践案例征集评选活动，遴选8个最佳案例汇编成册，下发各单位学习参考，推广企业社会责任模范实践。
> ——《中国五矿集团公司2012年可持续发展报告》P14

核心指标　G4.4 企业在经济、社会或环境领域发生的重大事故，受到的影响和处罚以及企业的应对措施

指标解读：如果报告期内企业在经济、社会或环境等领域发生重大事故，企业应在报告中进行如实披露，并详细披露事故的原因、现状和整改措施。

（五）责任沟通（G5）

责任沟通是指企业就自身社会责任工作与利益相关方开展交流，进行信息双向传递、接收、分析和反馈，包括利益相关方参与、CSR内部沟通机制和外部CSR沟通机制等方面。

核心指标　G5.1 企业利益相关方名单

指标解读：利益相关方是企业的履责对象，企业必须明确自身经营相关的利益相关方，并在报告中列举利益相关方名单。

扩展指标　G5.2 识别及选择核心利益相关方的程序

指标解读：由于企业利益相关方众多，企业在辨识利益相关方时必须采用科学的方法和程序。

核心指标　G5.3 利益相关方的关注点和企业的回应措施

指标解读：本指标包含两个方面的内容：对利益相关方的需求及期望进行调查；阐述各利益相关方对企业的期望以及企业对利益相关方期望进行回应的措施。

示例

利益相关方	利益相关方描述	对集团的期望	沟通方式	主要指标
政府	中国政府和业务所在地政府	积极落实国家宏观调控，按照国家产业振兴规划推进行业整合，加强安全生产监管，保护环境	制定法律法规、政策文件，参加会议，专题汇报，上报统计报表和拜访	纳税总额，职工人数
国资委	代表国家行使出资人职责	实现国有资产保值增值，完善公司治理结构，聚焦主业，提升企业的竞争力，积极执行国家节能、减排政策，实现绿色运营	制定规章制度，提出工作目标，制定考核标准，工作汇报，上报统计报表	主营业务收入，利润总额，净资产收益率，国有资产保值增值率
员工	公司组织机构中的全部成员	保护员工权益，提供稳定的就业机会与公平合理的薪酬保障，完善员工职业发展的渠道，提供安全健康的工作环境	成立各级工会组织、定期召开职工代表大会，建立畅通的内部沟通渠道	劳动合同签订率，社保参与率，员工流失率，员工培训投入，职工代表大会议案数
客户	购买集团产品或服务的用户	信守承诺，提供质优价廉的产品和服务质量，实现平等互利合作	与客户密切沟通，严格履行合同，提供丰富的产品服务信息	客户信用评级，客户满意度
业务合作伙伴	供应商、承包商、金融机构、科研机构、咨询机构等	遵守商业道德和法律法规，建立长期合作关系，实现互利共赢	战略合作谈判，高层会晤，招投标，日常业务交流，定期走访	协议执行情况
投资者与债权人	公司及下属企业股票和债券的持有人	持续提高公司价值，降低风险，持续经营，按期还本付息，支付股利	准确及时的信息披露，定期走访，年度报告，股东大会	集团信用评级，少数股东权益
社区与公众	企业业务及运营所在地	促进社区经济可持续发展的能力，支持社区公益事业，保护社区环境，实现共同发展	签订共建协议，参与社区项目建设，定期沟通，开展联欢活动	社区建设投入、社区公益、捐赠总额
非政府组织	国际组织、行业协会和地方团体等	支持社会团体组织，履行组织章程，加强运营信息披露，支持环保等公益事业	积极参加有关会议，支持持续改进，主动建言献策	参加的协会，行业组织的机构数，社会公益投入

——《中国黄金集团公司2012年企业社会责任报告》P14

核心指标 G5.4 企业内部社会责任沟通机制

指标解读：本指标主要描述企业内部社会责任信息的传播机制及媒介。企业内部社会责任沟通机制主要有：

（1）内部刊物，如《社会责任月刊》、《社会责任通讯》等；

（2）在公司网站建立社会责任专栏；

（3）社会责任知识交流大会；

(4) CSR 内网等。

<u>核心指标</u>　G5.5 企业外部社会责任沟通机制

指标解读：本指标主要描述企业社会责任信息对外部利益相关方披露的机制及媒介，如发布社会责任报告、召开及参加利益相关方交流会议、工厂开放日等。

<u>核心指标</u>　G5.6 企业高层领导参与的社会责任沟通与交流活动

指标解读：本指标主要描述企业高层领导人参加的国内外社会责任会议，以及会议发言、责任承诺等情况。

示例

接受联合国全球契约组织高端访谈。2012 年 6 月，公司总裁周中枢在北京接受了联合国全球契约组织独家视频专访，在联合国全球契约先锋企业领导人高端访谈中面向全球介绍中国五矿可持续发展的理念和绩效，并指出"我们的发展实践表明，履行社会责任与提高竞争力是正相关的关系，两者相辅相成，相互影响，共生共存"。

——《中国五矿集团公司 2012 年可持续发展报告》P17

（六）责任能力（G6）

责任能力是指企业通过开展社会责任课题研究、参与社会责任交流和研讨活动提升组织知识水平；通过开展社会责任培训与教育活动提升组织员工的社会责任意识。

<u>扩展指标</u>　G6.1 开展 CSR 课题研究

指标解读：由于社会责任是新兴课题，企业应根据社会责任理论与实践的需要自行开展社会责任调研课题，把握行业现状和企业自身情况，以改善企业社会责任管理，优化企业社会责任实践。

示例：

社会责任研究：2012 年，我们与专业研究机构合作开展课题研究，于 7 月 3 日发布了《ISO26000 在中国企业的应用研究》成果。该成果通过分析 ISO26000 相关原则和条款给中国企业带来的挑战和机遇，以及一批领先的中国企业在满足ISO26000标准要求的同时促进自身发展的优秀实践案例，并提供了相关对策与建议，为中国企业应对和应用ISO26000提供参考，填补了ISO26000在国内应用领域的空白。

——《中国铝业公司2012年企业社会责任报告》P24

扩展指标 G6.2 参与社会责任研究和交流

指标解读： 本指标主要指企业通过参与国内外、行业内外有关社会责任的研讨和交流、学习，借鉴其他企业和组织的社会责任先进经验，进而提升本组织的社会责任绩效。

扩展指标 G6.3 参加国内外社会责任标准的制定

指标解读： 企业参加国内外社会责任标准的制定，一方面促进了自身社会责任相关议题的深入研究，另一方面也提升了社会责任标准的科学性、专业性。

示例

与中国社科院沟通合作，支持中国社科院社会责任教材编写工作，编写中国黄金社会责任综合案例，入编该教材。并参与修订一般采矿业社会责任指标体系3.0。

——《中国黄金集团公司2012年企业社会责任报告》P13

核心指标 G6.4 通过培训等手段培育负责任的企业文化

指标解读： 企业通过组织、实施社会责任培训计划，提升员工的社会责任理念，使员工成为社会责任理念的传播者和实践者。

示例

2012年10月25日，中国黄金在北京举办社会责任培训班，集团下属50家主要生产企业社会责任专职工作人员参加了培训，培训期间邀请国资委研究局、中国社科院社会责任研究中心的领导和专家就国内外社会责任发展情况、社会责任理论等方面进行了讲解，集团公司社会责任主管部门负责人介绍了集团公司的社会责任工作情况，并对集团下一步社会责任工作提出了要求，确定了奋斗目标。培训收到了预期的效果，为集团全面推进社会责任工作奠定了坚实基础。

——《中国黄金集团公司 2012 年企业社会责任报告》P15

三、市场绩效（M 系列）

市场绩效描述企业在市场经济中负责任的行为。企业的市场绩效责任可分为对自身健康发展的经济责任和对市场上其他利益相关方（主要是客户和商业伙伴）的经济责任。

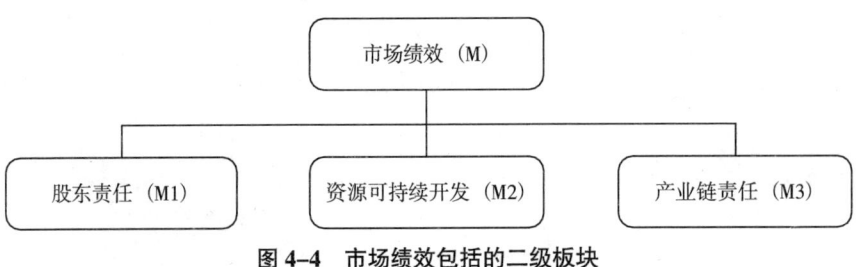

图 4-4 市场绩效包括的二级板块

（一）股东责任（M1）

股东责任主要包括股东权益保障机制与资产保值增值两个方面，其中股东权益保障机制用股东参与企业治理的政策和机制、保护中小投资者利益和规范信息披露进行表现，资产保值增值用资产的成长性、收益性和安全性三个指标进行表现。

1. 股东权益保护

核心指标　M1.1 股东参与企业治理的政策和机制

指标解读：本指标主要描述股东参与企业治理的政策和机制，这些政策和机制包括但不限于股东大会、临时性股东大会等。

示例

国务院国资委代表国家履行出资人职责。国务院向公司派驻国有重点大型企业监事会，依照《国有企业监事会暂行条例》，对公司的国有资产保值增值状况实施监督。

按照《公司法》和现代企业管理制度的要求，设置股东大会、董事会和监事会。股东大会是公司的权力机构。

——《中国五矿集团公司2012年社会责任报告》P5

核心指标 M1.2 保护中小投资者利益

指标解读：本指标主要内容包括保证中小股东的知情权、席位、话语权以及自由转让股份权、异议小股东的退股权等。

核心指标 M1.3 规范信息披露

指标解读：及时准确地向股东披露企业信息是履行股东责任不可或缺的重要环节，这些信息包括企业的重大经营决策、财务绩效和企业从事的社会实践活动。

企业应根据《公司法》通过财务报表、公司报告等向股东提供信息。上市公司应根据《上市公司信息披露管理办法》向股东报告信息。

2. 财务绩效

核心指标 M1.4 成长性

指标解读：本指标即报告期内营业收入及增长率等与企业成长性相关的其他指标。

示例

2012年底，中国黄金总资产652.3亿元，销售收入1005亿元，利润总额43.76亿元。与2006年相比，分别增长了6倍、9倍和8倍。

——《中国黄金集团公司2012年企业社会责任报告》P4

核心指标 M1.5 收益性

指标解读：本指标即报告期内的净利润增长率、净资产收益率和每股收益等与企业经营收益相关的其他指标。

> **示例**
> 2012年底,中国黄金总资产652.3亿元,销售收入1005亿元,利润总额43.76亿元。与2006年相比,分别增长了6倍、9倍和8倍。
> ——《中国黄金集团公司2012年企业社会责任报告》P4

核心指标 M1.6 安全性

指标解读:本指标即报告期内的资产负债率等与企业财务安全相关的其他指标。

> **示例**
> 2012年,中国黄金销售收入1005亿元,同比增长27.1%;利润总额43.76亿元,超额完成年度预算;总资产增长到652.3亿元,资产负债率63%,资产负债结构良好。
> ——《中国黄金集团公司2012年企业社会责任报告》P2

(二)资源可持续开发(M2)

1. 资源开发

核心指标 M2.1 挖掘矿产资源潜力

指标解读:本指标是指企业综合利用矿山、变一矿为多矿,充分利用矿产资源的能力。

> **示例**
> 有色金属矿产资源是不可再生资源,是有限的。我们以负责任的态度,通过科学、合理、高效的开采方式,不断提高采矿回采率,选矿回收率,努力延长老矿山的开采年限,尽力提升矿产资源综合利用水平。
> ——《中国有色矿业集团公司2012年企业社会责任报告》P21

核心指标 M2.2 提高采矿回采率

指标解读:采矿回采率是指矿石采出量在该矿山或采矿场(矿井、采掘工作面)地质储量中所占的比例。通常用百分比表示。是比较采矿方法优劣、回采工作质量高低的技术经济指标之一。其计算公式为：

{区域采出原矿量（吨）×[1-贫化率（%）]÷区域地质储量（吨）}×100%。

提高采矿回采率说明了企业采用或改进技术与工艺所取得的成效。

> **示例**
> 中色非矿采用充填法回采和支护工艺，成功回采6个采场，矿石损失率由50%以上下降到30%左右，矿石贫化由28%下降到24%以下。
> ——《中国有色矿业集团公司2012年企业社会责任报告》P21

[核心指标] M2.3 提高选矿回收率

指标解读：选矿回收率是指选矿产品（一般指精矿）中所含被回收有用成分的质量占入选矿石中该有用成分质量的百分比，是考核和衡量矿山企业选矿技术、管理水平和入选矿石中有用成分回收程度的重要技术经济指标。考核矿产资源采选企业的选矿回收率，是矿产资源监督管理的重点之一。

> **示例**
> 中色卢安夏通过优化磨矿系统，改造浮选药剂添加系统，加强选矿药剂使用研究，持续提高资源选矿回收率，全年铜选矿回收率为94.81%，同比提高0.51%，增收铜金属量约70吨。
> ——《中国有色矿业集团公司2012年企业社会责任报告》P21

[核心指标] M2.4 残矿回收的制度、措施

指标解读：本指标是指企业在残矿回收方面的制度规定以及残矿回收所采取的措施、方法等。

> **示例**
> 红透山矿业根据残矿的赋存条件，依靠科技手段，通过优化回采顺序，采用支护方法等采矿技术工艺，回收采矿中丢掉的残矿。
> ——《中国有色矿业集团公司2012年企业社会责任报告》P21

|核心指标| M2.5 残矿回收量

指标解读： 本指标是指企业在报告期内回收残矿的总量。

> **示例**
>
> 红透山矿业根据残矿的赋存条件，依靠科技手段，通过优化回采顺序、采用支护方法等采矿技术工艺，回收采矿种丢掉的残矿，全年回收残矿40481吨，获得金属量500吨。
>
> ——《中国有色矿业集团公司2012年企业社会责任报告》P21

2. 综合利用

|核心指标| M2.6 矿产资源综合开发

> **示例**
>
> 大冶有色金属集团控股有限公司探索与城市矿产资源之间的循环模式，提升城市矿产资源开发利用技术水平，探索城市矿产资源的循环利用、规模利用和高值利用。
>
> ——《中国有色矿业集团公司2012年企业社会责任报告》P21

|扩展指标| M2.7 二次资源综合利用

> **示例**
>
> 大冶有色金属集团控股有限公司探索与城市矿产资源之间的循环模式，提升城市矿产资源开发利用技术水平，探索城市矿产资源的循环利用、规模利用和高值利用。
>
> ——《中国有色矿业集团公司2012年企业社会责任报告》P21

|扩展指标| M2.8 完善矿业开发产业链

> **示例**
>
> 中国五矿坚持走创新发展之路，不断完善创新管理体系，推进从资源勘

探、采矿选矿、冶炼加工到贸易流通全产业链各环节的全方位创新，推动公司由资源驱动向创新驱动，由规模竞争向质量竞争转变。

——《中国五矿集团公司2012年可持续发展报告》P28

3. 科技创新

扩展指标　M2.9 开展两化融合

指标解读： 一般采矿业的两化融合，是以数据整合为核心，自动化监控为基础，以信息化管理为本质，以可视化为辅助表现形式的综合自动化，综合信息化平台，决策分析平台为一体的综合信息系统，最终实现有色矿山安全、科学、高效管理。

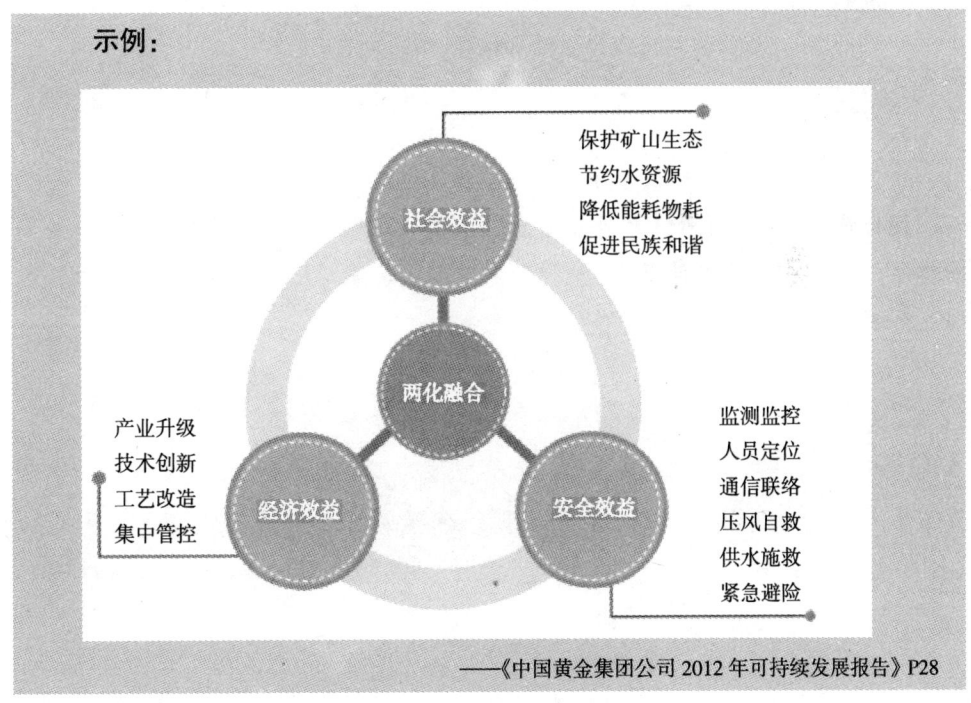

——《中国黄金集团公司2012年可持续发展报告》P28

核心指标　M2.10 支持科技创新的制度

指标解读： 本指标主要指在企业内部建立鼓励创新的制度，形成鼓励创新的文化。

示例

中国五矿围绕核心主业，制定科技创新体系提升优化方案，持续推进科技创新组织体系、制度体系建设，全力打造科技创新平台、支撑公司快速发展，服务行业持续发展。调整优化科技管理委员会组成及职责，成立第二届科技管理委员会，完善科技管理制度体系，为科技创新工作深入推进奠定了坚实的管理基础。

——《中国五矿集团公司2012年可持续发展报告》P28

核心指标　M2.11 科技或研发投入

指标解读：本指标主要指在报告期内企业在科技或研发方面投入的资金总额。

示例

2012年，中国黄金科研投入为13636万元。

——《中国黄金集团公司2012年企业社会责任报告》P36

核心指标　M2.12 科技工作人员数量及比例

指标解读：科技工作人员指企业直接从事（或参与）科技活动以及专门从事科技活动管理和为科技活动提供直接服务的人员。累计从事科技活动的时间占制度工作时间50%（不含）以下的人员不统计。

示例

我们不断增加研发投入，科技人员占员工总数比例逐年提高，科技创新成果丰硕。2012年，公司研发投入超过24万元，科技人员比例达到2.5%。

——《中国铝业公司2012年社会责任报告》P62

核心指标　M2.13 新增专利数

指标解读：本指标主要包括报告期内企业新增专利申请数和新增专利授权数。

示例

2012年，中国黄金得到授权的专利数量13项。

——《中国黄金集团公司2012年企业社会责任报告》P36

核心指标　M2.14 重大创新奖项

指标解读：本指标主要指报告期内企业获得的关于产品和服务创新的重大奖项。

> **示例**
>
> 由中国黄金集团公司和北京矿冶研究总院完成的"浮选机大型化关键技术研究及工业化应用"喜获 2012 年度国家科学技术进步二等奖。
>
> ——《中国黄金集团公司 2012 年企业社会责任报告》P36

（三）产业链责任（M3）

1. 责任采购

核心指标　M3.1 责任采购的制度及（或）方针

指标解读：本指标主要描述企业从多个角度对供应商提出的责任要求，主要有遵守法规、保护环境、保护劳工权益、诚信经营等。此外，还包括对供应商的定期或不定期的责任经营情况的检查制度。

> **示例**
>
> 明确要求在物资采购招标文件中须明确要求参加投标的供应商遵纪守法、诚信经营，提供明确、可靠、全面的信息，自觉维护行业信誉，维护用户合法权益，自觉接受社会及用户监督。明确要求供应商必须坚持安全生产，注重保护环境，产品生产过程必须按照规定的程序和要求，主动接受环境保护部门的检查、验收，并通过 ISO14001 国际环境质量管理体系认证。
>
> 明确要求供应商注重保护劳动者权益，履行应尽的业务，注重企业发展。对在招标采购活动中发现的不符合要求的供应商，应视情节采取应对措施，取消不履行社会责任者的投标资格。在合同履行过程中，定期或不定期地对供应商的责任经营状况进行监督检查，建立供货商信誉档案，拒绝严重不履行社会责任的供应商参与再次投标。在从国外进口设备时，严格控制，避免从国外引进严重污染环境又难以治理的原材料、产品、工艺和设备，防止国外污染源向我国转移。
>
> ——《中国黄金集团公司 2012 年企业社会责任报告》P16

扩展指标　M3.2 供应商社会责任评估和调查的程序和频率

指标解读：一般情况下，对供应商进行社会责任审查可分为企业自检或委托第三方机构对供应商履行社会责任情况进行审查。

核心指标　M3.3 供应商通过质量、环境和职业健康安全管理体系认证的比率

指标解读：供应商通过质量、环境和职业健康安全管理体系认证可从侧面（或部分）反映供应商的社会责任管理水平。

扩展指标　M3.4 供应商受到经济、社会或环境方面处罚的个数

指标解读：该指标主要指企业供应商中在经济、社会或环境方面受到政府处罚的个数以及严重程度。

扩展指标　M3.5 责任采购比率

指标解读：报告期内企业责任采购数量占企业应实行责任采购的采购总量，公式为：责任采购比率=责任采购量/应实行责任采购的采购总量×100%。

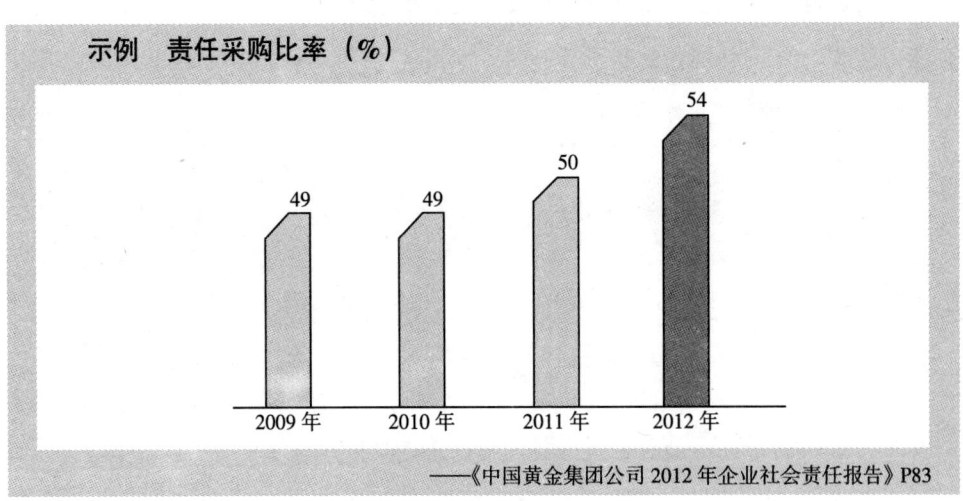

——《中国黄金集团公司 2012 年企业社会责任报告》P83

2. 客户责任

核心指标　M3.6 产品质量管理体系

指标解读：本指标主要描述企业产品质量保障、质量改进等方面的政策与措施，例如 ISO9000 国际质量管理体系认证。

> **示例**
> 我们以运营转型为契机，推广全面质量管理的理念、方法和工具，开展质量攻关。公司所属企业结合生产实际，针对影响产品质量的基础性、通用性和关键性技术难题，围绕原材料、设备、工艺、技术等领域，组织各方资源，通过聘请专家指导、企业联合攻关等形式，开展包括设计、工艺、制造、检验、检测、试验等产品质量形成过程各个环节在内的质量攻关项目近200项，解决了部分质量瓶颈问题，提高了公司质量控制能力。2012年，公司各主要产品合格率均达到国家标准。
>
> ——《中国铝业公司2012年社会责任报告》P63

[核心指标] **M3.7 客户关系管理体系**

指标解读：客户关系管理体系是指以客户为中心，覆盖客户期望识别、客户需求回应以及客户意见反馈和改进的管理体系。

> **示例**
> 公司将社会责任的各项要求融入客户关系管理中，注重回应客户感知，不断完善客户服务体系，丰富营销手段，推行标准化、专业化服务流程，保障客户健康与安全，努力为客户提供多样化、个性化和全方位服务。
>
> ——《中国五矿集团公司2012年可持续发展报告》P63

3. 行业发展

[核心指标] **M3.8 战略共享机制及平台**

指标解读：本指标主要描述企业与商业伙伴建立的战略共享机制及平台，包括但不限于以下内容：

（1）长期的战略合作协议；

（2）共享的实验基地；

（3）共享的数据库；

（4）稳定的沟通交流平台等。

示例

12月10日，由中国黄金牵头组建的黄金产业技术创新战略联盟成立大会暨第一届理事会在北京召开。中国黄金集团公司、紫金矿业集团股份有限公司、山东招金集团有限公司、灵宝黄金股份有限公司、北京矿冶研究总院、北京有色金属研究总院、长春黄金研究院、北京科技大学等25家联盟成员单位参会。会议审议并表决通过了《联盟章程》，确定了联盟的理事会、专家技术委员会、技术委员会顾问组和秘书处等人员组成。

黄金产业技术创新战略联盟的成立是我国黄金行业具有深远战略意义的一件大事，是我国黄金行业落实科学发展观，加强产学研结合，促进技术创新体系建设的重要举措。黄金产业技术创新战略联盟的建立将在我国黄金行业形成一个产、学、研、用一体化的高效机制，建成一个联合开发、优势互补、利益共享、风险共担的技术创新合作组织，形成领域内不同资源的共享平台、成果转化平台、技术服务平台和研发平台，起到整合资源、合理布局、科学长远规划的重要作用。

——《中国黄金集团公司2012年企业社会责任报告》P32

核心指标　M3.9 诚信经营的理念与制度保障

指标解读：该指标主要描述确保企业对客户、供应商、经销商以及其他商业伙伴诚信的理念、制度和措施。

示例

中国五矿将依法诚信、合规经营视为保障企业健康可持续发展的坚强基石，坚持"法律至上、权责对等、遵守程序、诚实守信、公平公正、依法维权"的现代企业法治理念，依法合规经营，加强内部审计与控制，推进反腐倡廉建设，致力于成为依法经营、诚实守信的表率。

——《中国五矿集团公司2012年可持续发展报告》P72

核心指标　M3.10 公平竞争的理念及制度保障

指标解读：遵守国家反不正当竞争、反垄断相关法规和商业道德，在市场竞争中公平竞争、自觉维持公平的市场竞争环境。不采取阻碍互联互通、掠夺性定价、垄断渠道资源、不正当交叉补贴、诋毁同业者等不正当竞争手段。

> **示例**
> 　　我们在国内同行之间公平竞争，严格抵制价格垄断、串通投标、掠夺性定价等不正当竞争。在国际竞争中，我们遵守所在国法律法规，规范参与招投标，确保交易活动的时效性和合法性，努力创造公平竞争的良好环境。
> 　　　　　　　　　　　　　——《中国铝业公司2012年社会责任报告》P59

　　扩展指标　M3.11 经济合同履约率

　　指标解读：该指标主要反映企业的管理水平和信用水平。

　　经济合同履约率=（截至考核期末实际履行合同份数）/考核期应履行合同总份数×100%

4. 价值链责任

　　核心指标　M3.12 识别并描述企业的价值链及责任影响

　　指标解读：识别企业的价值链是管理企业社会责任影响的基础。企业应识别其价值链上的合作伙伴及企业对价值链伙伴的影响。

　　扩展指标　M3.13 企业在促进价值链履行社会责任方面的倡议和政策

　　指标解读：企业应利用其在价值链中的影响力，发挥自身优势，与价值链合作伙伴共同制定社会责任倡议和相关行业社会责任发展建议。

> **示例**
> 　　我们通过采购决策影响供应商，使其提高履责意识和水平，接受和支持公司社会责任的原则和实践，与供应商共同构建负责任的价值链，实现协同发展。
> 　　　　　　　　　　　　——《中国铝业公司2012年企业社会责任报告》P33

　　扩展指标　M3.14 企业对价值链成员进行的社会责任教育、培训

　　指标解读：该指标主要描述企业对供应商、经销商等价值链伙伴进行社会责任培训或社会责任宣传教育的活动。

四、社会绩效（S 系列）

社会绩效主要描述企业对社会责任的承担和贡献，主要包括政府责任、员工责任、安全生产与和谐矿区四个方面的内容。

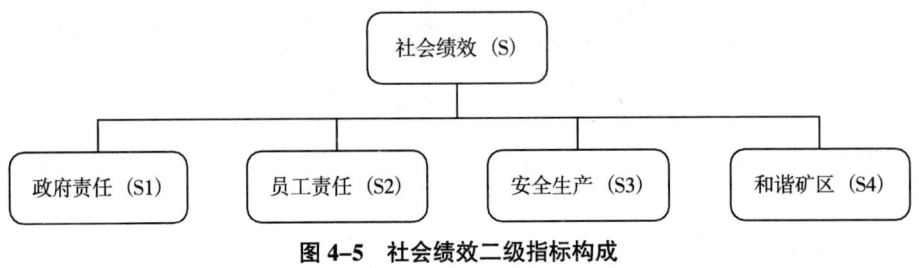

图 4-5　社会绩效二级指标构成

（一）政府责任（S1）

政府责任主要包括守法合规、政策响应、税收贡献以及带动就业等方面。

1. 守法合规

核心指标　S1.1 企业守法合规体系

指标解读：本指标中主要描述企业的法律合规体系，包括守法合规理念、组织体系建设、制度建设等。

合规（compliance）通常包含以下两层含义：遵守法律法规及监管规定；遵守企业伦理和内部规章以及社会规范、诚信和道德行为准则等。"合规"首先应做到"守法"，"守法"是"合规"的基础。

> **示例**
> 中国黄金严格按照国家政策、法律及地方政府规定依法合规经营，加强反腐倡廉教育，强化审计监察力度，并制定完善了各种规章制度，依法治企、合规经营方面成效显著。
> ——《中国黄金集团公司 2012 年企业社会责任报告》P25

> 核心指标   S1.2 守法合规培训

指标解读：本指标主要描述企业组织的守法合规培训活动，包括法律意识培训、行为合规培训、反腐败培训、反商业贿赂培训等。

> **示例**
> 中国黄金审计监察部、法律事务部、人事部、资产财务部等各部门举办各种培训班、讲座等，对从业人员进行法律法规知识教育，全面提高其依法办事的工作能力。
> ——《中国黄金集团公司2012年企业社会责任报告》P25

> 核心指标   S1.3 禁止商业贿赂和商业腐败

指标解读：本指标主要描述企业在反腐败和反商业贿赂方面的制度和措施等。

商业贿赂行为是不正当竞争行为的一种，是指经营者为销售或购买商品而采用财物或者其他手段贿赂对方单位或者个人的行为。

商业腐败按对象可以划分为两种类型，一种是企业普通经营活动中的行贿受贿行为，即通常意义上的商业贿赂；另一种是经营主体为了赢得政府的交易机会或者是获得某种经营上的垄断特权而向政府官员提供贿赂。

> **示例**
> 我们严格遵守企业公民道德，坚持守法经营，建立健全反商业贿赂机制，将反商业贿赂纳入经营决策和日常管理，认真履行对公平运营的承诺，接受政府和社会公众的监督。
> ——《中国铝业公司2012年企业社会责任报告》P58

> 扩展指标   S1.4 企业守法合规审核绩效

指标解读：本指标包括企业规章制度的法律审核率、企业经济合同的法律审核率和企业重要经营决策的法律审核率。

2. 政策响应

> 核心指标   S1.5 纳税总额

指标解读：依法纳税是纳税人的基本义务。

> **示例**
> 2012 年,中国黄金纳税总额为 311900 万元。
> ——《中国黄金集团公司 2012 年企业社会责任报告》(P83)

核心指标 S1.6 响应国家政策

指标解读：响应国家政策是企业回应政府期望与诉求的基本要求。

> **示例**
> 在推进公司运营中,自觉融入国家黄金战略,担当央企责任,以世界一流矿业公司为目标,引领黄金行业科学发展,致力于增强黄金资源保障能力,维护国家金融稳定。
> ——《中国黄金集团公司 2012 年企业社会责任报告》(P20)

核心指标 S1.7 确保就业及（或）带动就业的政策或措施

指标解读：促进经济发展与扩大就业相协调是社会和谐稳定的重要基础。根据《中华人民共和国就业促进法》(2007),"国家鼓励各类企业在法律、法规规定的范围内,通过兴办产业或者拓展经营,增加就业岗位"、"国家鼓励企业增加就业岗位,扶持失业人员和残疾人就业"。

核心指标 S1.8 报告期内吸纳就业人数

指标解读：企业在报告期内吸纳的就业人数包括但不限于：应届毕业生、社会招聘人员、军转复员人员、农民工、劳务工等。

> **示例**
> 2012 年,中国黄金吸纳就业人数 2661 人。
> ——《中国黄金集团公司 2012 年企业社会责任报告》P62

（二）员工责任（S2）

员工责任主要包括员工基本权益保护、薪酬福利、平等雇佣、职业健康与安全、员工发展和员工关爱六大板块,每个板块又分为若干指标。

1. 基本权益保护

核心指标 S2.1 劳动合同签订率

指标解读：劳动合同签订率指报告期内企业员工中签订劳动合同的比率。

> 示例
>
> 2012年，中国黄金劳动合同签订率100%。
>
> ——《中国黄金集团公司2012年企业社会责任报告》P62

扩展指标 S2.2 集体谈判与集体合同覆盖率

指标解读：集体谈判是工会或个人组织与雇主就雇用关系等问题进行协商的一种形式，其目的是希望劳资双方能够在一个较平等的情况下订立雇佣条件，以保障劳方应有的权益。集体合同是指企业职工一方与用人单位就劳动报酬、工作时间、休息休假、劳动安全卫生、保险福利等事项，通过平等协商达成的书面协议。集体谈判是签订集体合同的前提，签订集体合同必须要进行集体协商。

> 示例
>
> 我们严格推行集体合同平等协商制度，依法维护员工权益，与工会代表就劳动报酬、工作时间、休息休假、福利保障等关系员工切身利益的事项开展平等协商对话，并签订集体合同，构建和谐稳定的劳动关系。2012年，公司集体合同覆盖率100%。
>
> ——《中国铝业公司2012年企业社会责任报告》P42

核心指标 S2.3 民主管理

指标解读：根据《公司法》、《劳动法》、《劳动合同法》等规定，企业实行民主管理主要有以下三种形式：职工代表大会、厂务公开以及职工董事、职工监事。此外，职工民主管理委员会、民主协商会、总经理信箱等也是民主管理的重要形式。

> 示例
>
> 我们坚持以职工代表大会和工会为基本形式的企业民主管理制度，积极

推进厂务公开和集体协商,深入推行领导干部民主评议制度,努力确保员工的知情权、表达权、参与权和监督权等民主权利,为员工提供了解厂情和参与企业生产经营、改革发展的平台。

——《中国铝业公司 2012 年企业社会责任报告》P46

扩展指标　S2.4 参加工会的员工比例

指标解读:根据《工会法》、《中国工会章程》等规定,所有符合条件的企业都应该依法成立工会,维护职工合法权益是工会的基本职责。

示例

2012 年,中国黄金参加工会的员工比例为 100%。

——《中国黄金集团公司 2012 年企业社会责任报告》P81

扩展指标　S2.5 通过申诉机制申请、处理和解决的员工申诉数量

指标解读:员工申诉是指员工在工作中认为受到不公正待遇或发现企业经营中不合规的行为等,通过正常的渠道反映其意见和建议。依据申诉对象的不同,员工申诉可分为企业内部申诉和企业外部申诉(即劳动仲裁),本指标所指的员工申诉主要指企业内部申诉。

示例

我们不断完善员工反映问题和诉求的渠道及处理机制。员工可通过投诉电话、上访、举报箱等渠道,反映他们遇到或可能发生的各种人权问题。公司高度重视员工申诉事件,依据明确、结果恰当,充分保障员工合法权益。

公司不断完善的员工申诉处理工作制度和工作流程,制定了《中国铝业公司信访工作管理暂行办法》。公司设立信访办公室,在公司分管领导指导下开展工作,日常工作由办公室负责。总部各部门、所属各单位积极配合协助信访办,认真做好员工群众来信来访工作。公司及所属各单位均明确公布信访工作机构的通讯地址、电子信箱、电话、信访接待的时间和地点等,便于员工申诉,并规定对于员工信访事项自受理之日起 60 日内办结。

——《中国铝业公司 2012 年企业社会责任报告》P42

第四章 报告指标详解

> 扩展指标　S2.6 雇员隐私管理

指标解读：员工具有工作隐私权，赋予雇员隐私权是对雇员人格尊严的尊重。企业应建立覆盖招聘、考核等各人力资源管理环节的隐私管理。

> **示例**
>
> 雇佣管理：公司严格遵守国家及运营所在地相关法律法规和政策，遵循人权、劳工等有关国际公约，坚持平等、规范雇佣，确保所有工作由法律认可的人员完成，禁止一切形式的就业歧视，坚决杜绝童工和强迫性劳动，保护员工信息和隐私，持续形成员工与公司的利益共享机制。
> ——《中国五矿集团公司 2012 年可持续发展报告》P53

> 扩展指标　S2.7 兼职工、临时工和劳务派遣工权益保护

指标解读：劳务派遣工指与由劳动行政部门资质认定，经工商部门注册登记的劳务型公司签订劳动合同或劳务合同后向实际用工单位进行劳务输出，从事劳动服务的一种用工形式，劳动者与劳务型公司建立劳动关系或劳务关系，由劳务型公司按规定发放工资、缴纳社会保险费，劳动者与劳务输入的实际用人单位不发生劳动关系和劳务关系，只是从事劳动服务。兼职工、临时工和劳务派遣工的权益保护问题主要包括同工同酬、福利待遇、职业培训与发展等。

> **示例**
>
> 中国黄金对于兼职、临时工人员采取劳务派遣的方式进行，与公司的员工同样进行管理，参加公司的工会等组织，提供劳动保护用品，对分包商统一在生产、安全方面，全部纳入公司体系内进行管理，统一进行安全管理，保障分包商员工的权益。
> ——《中国黄金集团公司 2012 年企业社会责任报告》P64

2. 薪酬福利

> 核心指标　S2.8 按运营地划分员工最低工资和当地最低工资的比例

指标解读：员工最低工资是指劳动者在法定工作时间提供了正常劳动的前提下，其所在用人单位必须按法定最低标准支付的劳动报酬，其中不包括加班工

资、特殊工作环境的津贴、法律法规和国家规定的劳动者福利待遇等。

各地最低工资标准由省、自治区、直辖市人民政府规定。

> **示例**
>
> 薪酬福利：我们将薪酬福利向海外一线岗位倾斜，保障海外员工合法权益；针对海外当地雇员，我们根据当地法律法规、经济发展要求、生活成本，结合其他社会群体的生活水平，按照工会谈判协议，制定符合当地实际的雇员薪酬管理办法，确保工资水平满足员工及其家庭生活需要。
>
> ——《中国有色矿业集团有限公司2012年社会责任报告》P52

核心指标 S2.9 社会保险覆盖率

指标解读：本指标最主要指企业正式员工中"五险一金"的覆盖比例。

> **示例**
>
> 2012年，我们积极健全社会保障体系，按规定及时足额为员工缴纳养老、失业、工伤、医疗、生育保险和住房公积金，社会保险覆盖率为100%。
>
> ——《中国铝业公司2012年企业社会责任报告》P44

扩展指标 S2.10 超时工作报酬

指标解读：企业为超出法定工作时间而支付的报酬总额。其中法定工作时间由政府规定。

> **示例**
>
> 快乐工作：我们尊重员工家庭责任，注重提升员工的生活质量和幸福感，努力确保员工工作生活平衡，实现快乐工作、快乐生活。
>
> 公司严格执行员工带薪休假制度，落实国家法定节假日加班工资制度和各类休假制度。
>
> ——《中国铝业公司2012年企业社会责任报告》P45

|扩展指标| S2.11 每年人均带薪年休假天数

指标解读：带薪年休假是指劳动者连续工作一年以上，就可以享受一定时间的带薪年假。其中，职工累计工作已满 1 年但不满 10 年的，年休假 5 天；已满 10 年但不满 20 年的，年休假 10 天；已满 20 年的，年休假 15 天。具体操作可参考 2007 年 12 月 7 日国务院第 198 次常务会议通过的《职工带薪年休假条例》。

> **示例**
>
> 2012 年，中国黄金每年人均休假 121 天（含周六、周日及带薪年休假）。
> ——《中国黄金集团公司 2012 年企业社会责任报告》P62

|核心指标| S2.12 按雇佣性质（正式、非正式）划分的福利体系

指标解读：福利是员工的间接报酬，包括但不限于为减轻职工生活负担和保证职工基本生活而建立的各种补贴、为职工生活提供方便而建立的集体福利设施、为活跃职工文化生活而建立的各种文化体育设施等。

3. 平等雇佣

|核心指标| S2.13 女性管理者比例

指标解读：管理人员主要指具体从事经营管理的人员，包括各级经理人如规划计划、人力资源、市场营销、资本运营、财务审计、生产管理、法律事务、质量安全环保、行政管理等部门经理、主管等。

> **示例**
>
> 2012 年，中国黄金有女性管理者 1891 人。
> ——《中国黄金集团公司 2012 年企业社会责任报告》P82

|扩展指标| S2.14 少数民族或其他种族员工比例

指标解读：本指标主要指公司内部正式员工中少数民族或其他种族员工所占比例。

> **示例**
>
> 为了鼓励和扶持少数民族大学生就业，公司在新员工招聘中开辟绿色通

道，专门制定了少数民族大学生就业扶持计划，每年为少数民族高校毕业生特设一定数量的就业岗位，促进少数民族高校毕业生就业。2012年，公司所属企业通过绿色通道招聘西藏、青海、新疆籍少数民族高校毕业生共45名。

——《中国铝业公司2012年企业社会责任报告》P62

扩展指标　S2.15 残疾人雇佣率或雇佣人数

指标解读：根据《中华人民共和国就业促进法》规定，"国家保障残疾人的劳动权利，用人单位招用人员，不得歧视残疾人。"

示例

2012年，中国黄金残疾人雇佣人数116人。

——《中国黄金集团公司2012年企业社会责任报告》P64

4. 职业健康与安全

扩展指标　S2.16 职业健康与安全委员会中员工占比

指标解读：职业健康与安全（管理）委员会是企业中对员工职业健康与安全进行管理的最高机构，员工担任委员会成员可以确保员工利益真正得到保证。

核心指标　S2.17 职业病防治制度

指标解读：企业需根据《中华人民共和国职业病防治法》以及《工作场所职业卫生监督管理规定》等政策法规，结合行业特征和企业实际，建立本企业的职业病防治制度。

示例

中国黄金认真贯彻落实安监总局对于职业健康工作的要求，出台了《中国黄金集团公司职业健康管理办法》，明确了职业健康企业主体责任，规定了职业健康工作职责，建立健全职业健康工作目标责任制考核体系。为了加强建设项目职业病防治工作，中国黄金加强建设项目职业卫生"三同时"管理，出台了《关于加强建设项目职业病危害预评价的通知》，对集团公司新、改、扩建项目进行了摸底，积极开展建设项目职业病危害预评价，乌山二期项目和苏尼特公司已通过国家建设项目职业病危害预评价评审。中国黄金部署企业开展现场危害因素监测。各公司规范配置了若干便携式粉尘、噪声、有毒有害气体检测仪,并按相应监测周期执行现场监测检查并记录,委托地方卫生防疫部门对作业现场进行法定监督检测,并出具检测报告,各企业依据现场监测报告对现场存在的不符合情况采取相应措施进行整改治理。

——《中国黄金集团公司2012年企业社会责任报告》P57

核心指标 S2.18 职业安全健康培训

指标解读:职业安全健康培训主要指企业针对员工开展的关于职业安全健康知识、预防等内容的培训。

示例

中国黄金通过三级安全教育、特殊工种安全教育、全员培训、开展安全活动月和组织职业危害知识讲座等活动,并结合报纸、网络、橱窗等大力宣传职业健康防护,增强员工自我防护意识,由过去被动式的要求职业危害防护向主动式的职业危害防护,彻底将职业病消除在预防阶段。

——《中国黄金集团公司2012年企业社会责任报告》P57

核心指标 S2.19 年度新增职业病和企业累计职业病

示例

2012年,中国黄金职业病发生次数为0。

——《中国黄金集团公司2012年企业社会责任报告》P59

扩展指标 S2.20 工伤预防制度和措施

指标解读:工伤预防是指事先防范职业伤亡事故以及职业病的发生,减少事故及职业病的隐患,改善和创造有利于健康的、安全的生产环境和工作条件、保护劳动者在生产、工作环境中的安全和健康。

扩展指标 S2.21 员工心理健康制度/措施

指标解读:员工心理健康是企业成功的必要因素,企业有责任营造和谐的氛围,帮助员工维持心理健康。

> **示例**
>
> 中国黄金秉承"以人为本"发展理念,全面做好员工身心健康关怀工作。从物质、文化、精神生活各方面提升员工生活质量。权属企业将到生产一线走访制度化,现场了解工人的心理变化,及时解开员工因待遇、调岗、家庭等各方面原因造成的心理压力与困惑,对于犯小错误的员工优先从心理关怀的角度出发去研究解决问题,稳定员工情绪,使其更好地投入到工作中去。
>
> ——《中国黄金集团公司2012年企业社会责任报告》P67

`核心指标` S2.22 体检及健康档案覆盖率

指标解读:本指标指企业正式员工中年度体检的覆盖率和职业健康档案的覆盖率。

> **示例**
>
> 2012年,中国黄金体检覆盖率100%。健康档案覆盖率100%。
>
> ——《中国黄金集团公司2012年企业社会责任报告》P59

`扩展指标` S2.23 向兼职工、劳务工和临时工及分包商职工提供同等的健康和安全保护

指标解读:企业应向兼职工、劳务工和临时工及分包商职工提供同等的健康和安全保护。

> **示例**
>
> 中国黄金对于兼职、临时工人员采取劳务派遣的方式进行,与公司的员工同样进行管理,参加公司的工会等组织,提供劳动保护用品,对分包商统一在生产、安全方面,全部纳入公司体系内进行管理,统一进行安全管理,保障分包商员工的权益。
>
> ——《中国黄金集团公司2012年企业社会责任报告》P64

5. 员工发展

[核心指标] S2.24 员工职业发展通道

指标解读：职业通道是指一个员工的职业发展计划，职业通道模式主要分三类：单通道模式、双通道模式、多通道模式。按职业性质又可分为管理类、技术类、研发类职业通道。

> **示例**
>
> 中国黄金为促进员工的发展，分别建立了专业技术人才队伍、经营管理人才队伍及生产技能人才的职业发展通道。专业技术人才的发展通道为：技术员、助理工程师、工程师、高级工程师、首席工程师、集团级专家。经营管理人才的发展通道为：初级经营管理者、中级经营管理者、高级经营管理者。生产技能人才的发展通道为初级工、中级工、高级工、技师、高级技师。
>
> ——《中国黄金集团公司2012年企业社会责任报告》P66

[核心指标] S2.25 员工培训体系

指标解读：企业培训体系是指在企业内部建立一个系统的、与企业的发展以及员工个人成长相配套的培训管理体系、培训课程体系、培训师资体系以及培训实施体系。

> **示例**
>
> 2012年，集团公司重点启动了领军人才及青年骨干两个层次的人才培养：在上海浦东干部学院成功举办了2012年度领军人才开发培训班、华中区域、河南片区学习型高管团队建设培训班，第二期河南片区以项目管理为主题学习型高管团队建设培训班，江西金山基地举办中层干部培训班，在北京举办了2012年度"晨光计划"第一期、第二期青年骨干联合集训班，实施了100人参加的"晨光计划"挂职培养计划。针对总部青年员工启动"英才计划"，对70余名青年员工按照"融入与定位、积累与成长、独立与发展"三个主题分阶段进行培养，并组织实施英才计划艰苦教育活动。
>
> ——《中国黄金集团公司2012年企业社会责任报告》P65

|核心指标| S2.26 员工培训绩效

指标解读： 本指标主要包括人均培训投入、人均培训时间等培训绩效数。

> **示例**
>
> 2012年，培训总体投入5252.61万元，累计培训员工191874人次，同比增长28%。
>
> ——《中国五矿集团公司2012年可持续发展报告》P54

6. 员工关爱

|核心指标| S2.27 困难员工帮扶投入

指标解读： 本指标主要指企业在帮扶困难员工方面的政策措施以及资金投入。

> **示例**
>
> 公司通过困难员工帮扶工作长效机制和工作责任制，定期上门走访，了解困难员工情况，通过重大节日送温暖、金秋助学等方式，使广大员工共享企业改革发展成果。
>
> ——《中国五矿集团公司2012年可持续发展报告》P57

|扩展指标| S2.28 为特殊人群（如孕妇，哺乳妇女等）提供特殊保护

指标解读： 本指标主要指企业为孕妇、哺乳妇女等特殊人群提供的保护设施、保护措施以及特殊福利待遇。

> **示例**
>
> 我们尊重和保障妇女权益，所属企业工会组织普遍建有女工委员会，担负维护女工权益的职责，保障男女员工在经济、社会和政治领域享有平等待遇；为女工提供专门卫生保护津贴，定期为女工进行健康体检；关心女工职业成长，在职位晋升中同等条件下优先使用女工；为孕妇、哺乳妇女等在薪酬待遇、劳动时间、劳动保护等方面给予特殊照顾。
>
> ——《中国铝业公司2012年社会责任报告》P39

|扩展指标| S2.29 尊重员工家庭责任和业余生活，确保工作生活平衡

指标解读：工作生活平衡，又称工作家庭平衡，是指企业帮助员工认识和正确看待家庭同工作间的关系，调和工作和家庭的矛盾，缓解由于工作家庭关系失衡而给员工造成的压力。

示例

我们尊重员工家庭责任，注重提升员工的生活质量和幸福感，努力确保员工工作生活平衡，实现快乐工作、快乐生活。公司严格执行员工带薪年休假制度，落实国家法定节假日加班工资制度和各类休假制度，员工平均带薪年休假天数11.9天；在条件允许的情况下，尽可能地帮助解决员工因异地工作而引起的夫妻分居问题；关爱员工子女上学问题；为员工照顾患病子女或老人提供合理假期；组织丰富多样的文体活动，满足员工的精神文化需求，陶冶员工情操。

——《中国铝业公司2012年社会责任报告》P45

|扩展指标| S2.30 员工满意度

指标解读：本指标主要描述企业开展员工满意度调查的过程以及员工满意度调查结果。

示例

2012年，员工满意度为93.6%。

——《中国黄金集团公司2012年企业社会责任报告》(P82)

|扩展指标| S2.31 员工流失率

指标解读：员工年度流失率＝年度离职人员总数/(年初员工总数＋年度入职人员总数)。

示例

2012年，员工流失率为2.95%。

——《中国黄金集团公司2012年企业社会责任报告》P82

(三) 安全生产 (S3)

1. 安全生产管理

核心指标　S3.1 安全生产管理体系

指标解读：本指标主要描述企业建立安全生产组织体系、制定和实施安全生产制度、采取有效防护措施等，以确保员工安全的制度和措施。

> **示例**
>
> 中国黄金积极推进安全生产管理体系建设，出台了安全环保事故报告制度、安全环保责任追究规定、处分管理暂行办法和奖励暂行办法等多项制度。强化了企业主体责任，明晰了相关人员的权责，加大处罚力度；改变安全奖励方式，将以往的仅奖励当年不出事故变为对连续多年不出事故的企业加大奖励力度，建立了集团公司安全环保长效机制。
>
> ——《中国黄金集团公司 2012 年企业社会责任报告》P54

核心指标　S3.2 对承包商安全管理的政策、制度及措施

> **示例**
>
> 中国黄金为加强施工队伍管理，制定了《矿山生产企业井下采掘工程招投标补充规定》，该规定提高了施工队伍准入门槛；将施工队承包期限由1年变为3年，保持了施工队伍的相对稳定；加强了监督机制；从严明确了安全条款，规定了退出机制，对促进施工队安全管理起到积极作用。制定了《中国黄金集团公司安全生产管理协议模板》明晰企业和外包施工队伍的安全管理责任和义务，对企业和施工队安全管理协议签订起到了积极指导作用。
>
> ——《中国黄金集团公司 2012 年企业社会责任报告》P56

核心指标　S3.3 安全应急管理机制

指标解读：本指标主要描述企业在建立应急管理组织、规范应急处理流程、制定应急预案、开展应急演练等方面的制度和措施。

示例

公司重视事前预防，持续完善应急管理体系，加强应急队伍建设，制定应急预案，开展应急演练，增强应对突发事件的能力。

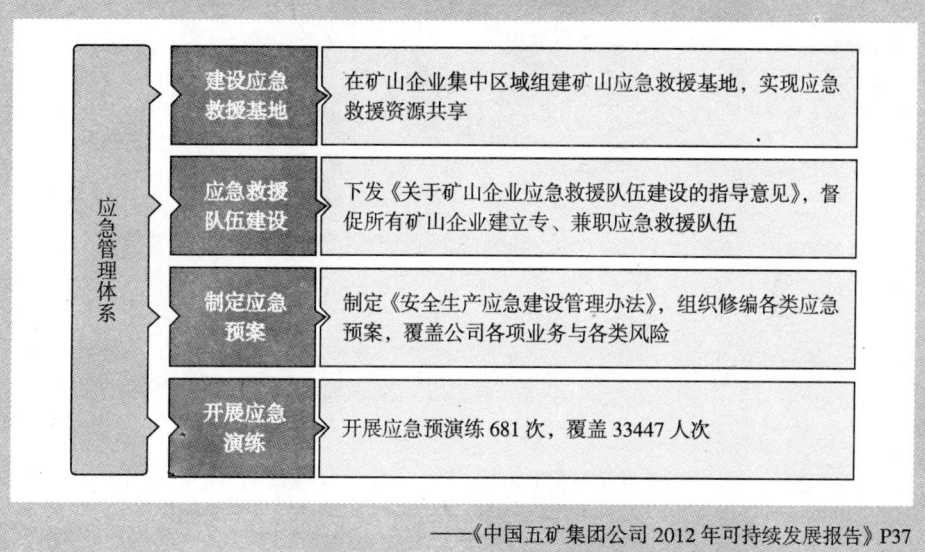

——《中国五矿集团公司2012年可持续发展报告》P37

[核心指标] S3.4 隐患排查治理体系

示例

公司坚持遵循三级挂牌督办治理原则，加强生产现场的监督管理，深入排查设备设施、作业环境存在的安全隐患，全力落实隐患整改。2012年，公司在安全生产大检查中，发现现场安全隐患516项，全部挂牌督办整改；下属企业安全隐患自查7253次、排查隐患27318条、完成治理27025条，安全隐患整改完成率98.91%。

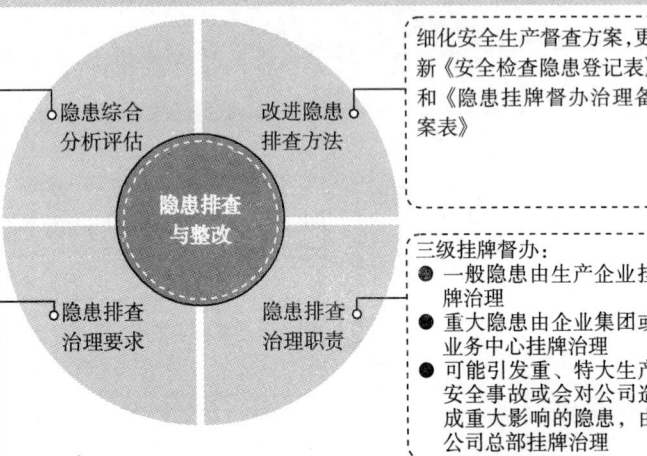

——《中国五矿集团公司2012年可持续发展报告》P37

核心指标　S3.5 安全生产标准化建设

示例

中国黄金通过开展安全标准化建设工作，矿山整体安全条件得到了全面提升，目前湖北三鑫公司和江西金山公司、内蒙古矿业公司已完成安全标准化国家一级并通过安监总局验收，36家企业获得安全标准化国家二级和国家三级证书。

——《中国黄金集团公司2012年企业社会责任报告》P56

核心指标　S3.6 矿山六大系统建设

示例

井下安全避险"六大系统"是促进企业安全生产的重要举措，系统建设依托信息技术和先进装备，从源头上控制安全风险，提高矿山应急救援能力，是提升地下矿山安全保障的重要措施。中国黄金集团公司投资近4亿元在全集团推广井下安全避险"六大系统"建设，并将各子系统集成到集团总部安全生产应急指挥中心，2012年底全部建成，从而进一步促进企业和谐发展。

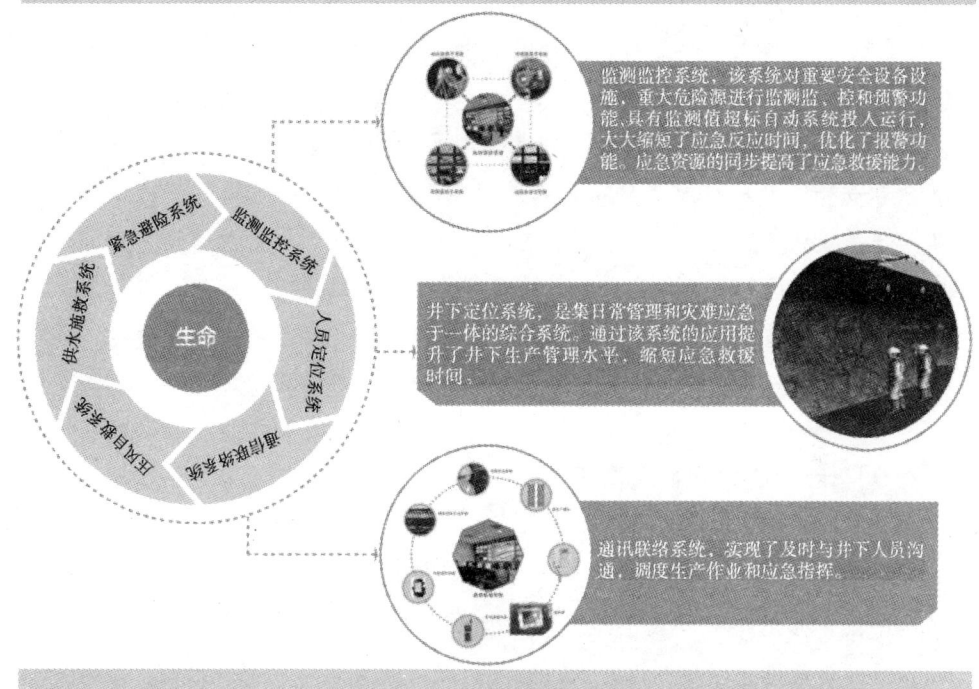

——《中国黄金集团公司 2012 年企业社会责任报告》P58

|核心指标| S3.7 危险因素分析

指标解读：危险因素分析指对与疾病发生有关的因素进行系统分析。

|核心指标| S3.8 危险化学品仓储、运输和回收管理

示例

为提高安全生产管理水平，实现"综合治理、全员参与、持续改进"的安全生产方针，中国黄金严格参照《危险物品安全管理条例》等有关规定落实危险品的仓储、运输和废弃管理。集团公司各权属企业危险化学品管理，坚持"安全第一、预防为主、综合治理"方针，强化和落实公司在运输、储存、使用的主体责任。

——《中国黄金集团公司 2012 年企业社会责任报告》P56

|核心指标| S3.9 易燃易爆品管理

示例：

危险化学品设置专用仓库、专用场地或者专用储存室，由专人负责管理；剧毒化学品以及储存数量构成重大危险源的其他危险化学品，单独存放，并实行两人收发、两人保管制度；由保卫部配备专职人员管理，如实记录其储存、使用的剧毒化学品、易致爆危险化学品的数量、流向，并采取必要的安全防范措施，防止剧毒化学品、易致爆危险化学品丢失或者被盗。

——《中国黄金集团公司 2012 年企业社会责任报告》P56

|核心指标| S3.10 尾矿库管理

示例：

中国黄金对尾矿及废渣进行科学治理，在大力推广尾矿干排和无尾矿山，开发含氰尾液循环利用技术的同时积极对废弃尾矿库进行治理，取得良好效果。

——《中国黄金集团公司 2012 年企业社会责任报告》P43

2. 安全生产文化

|核心指标| S3.11 安全教育与培训

指标解读： 本指标主要描述企业在建立安全生产组织体系、制定和实施安全生产制度、采取有效防护措施等，以确保员工安全的制度和措施。

示例：

中国黄金创新安全培训模式，贴近企业生产实际，下发了《中国黄金集团公司安全教育培训管理规定》，编制班组长安全培训教材、作业人员安全培训教材和职工安全知识手册，利用安培中心的师资力量，变"到学校培训"为"上门送课"，实现安全培训"四统一"和持证上岗目标。同时，集团公司通过认真分析安全事故原因，转变培训理念，延伸培训层级。针对施工队事故多发的问题，改变以往"甲方乙方"的思想，倡导"以我为主，双方共创安全"理念,将施工队纳入到集团公司安全培训体系中,延伸培训层级,将集团公司的培训理念、安全管理重点和方法辐射到施工队管理中。

——《中国黄金集团公司2012年企业社会责任报告》P55

核心指标 S3.12 安全培训绩效

指标解读: 本指标主要包括安全培训覆盖面、培训次数等数据。

示例

2012年,中国黄金安全培训人次/覆盖率为100%。

——《中国黄金集团公司2012年企业社会责任报告》P59

3. 安全生产绩效

核心指标 S3.13 安全生产投入

指标解读: 本指标主要包括在劳动保护投入、安全措施投入、安全培训投入等方面的费用。

示例

2012年,中国黄金安全生产总投入为48000万元。

——《中国黄金集团公司2012年企业社会责任报告》P59

核心指标 S3.14 安全生产事故数

示例

2012年,发生安全事故数9起,工亡人数12人,百万吨工亡率0.3。

——《中国黄金集团公司2012年企业社会责任报告》P59

核心指标 S3.15 员工伤亡人数

指标解读: 本指标主要包括员工工伤人数、员工死亡人数等数据。

> **示例：**
> 2012 年，发生安全事故数 9 起，工亡人数 12 人，百万吨工亡率 0.3。
> ——《中国黄金集团公司 2012 年企业社会责任报告》P59

(四) 和谐矿区（S4）

和谐矿区目标是基本实现矿区经济社会协调发展，矿区生态环境有所改善，矿区群众生活质量提高，行业文化得到较大发展。

1. 负责任开采与生产

核心指标 S4.1 评估企业进入或退出社区时对社区环境和社会的影响

指标解读：企业在新进入或退出社区时，除进行纯商业分析之外，还应该预先进行社区环境和社会影响评价与分析，积极采纳当地政府、企业和居民的合理建议。

核心指标 S4.2 新建项目执行环境和社会影响评估的比率

指标解读：在我国，企业新建项目必须执行环境评估，但执行社会影响评估的比率较少。

扩展指标 S4.3 社区代表参与项目建设或开发的机制

指标解读：企业新建项目时需建立与社区代表的定期沟通交流等机制，让社区代表参与项目建设与开发。

扩展指标 S4.4 尊重、保护社区的文化传统和遗产

> **示例**
> 尊重当地文化：公司项目所在地文化多样，我们注重加强与当地社区沟通，拜会社会各界人士，介绍公司寻求合作共赢的发展理念、环境保护措施和面向当地社区的支持计划，赢得当地的理解、信任和支持。中色镍业拜会当地宗教人士，共话中缅胞波情谊，听取当地对于企业发展的意见和建议，探讨企业与社区和谐发展之道。
> ——《中国有色矿业集团有限公司 2012 年企业社会责任报告》P64

[核心指标] S4.5 移民与补偿

示例

生态移民新村建设：公司已投资近 2000 万元建设水银洞移民新村。该移民新村饮水、能源、道路、居住、通讯等实施规划设计，形成了浓郁的地方特色和民族特色，是贵州省贞丰县新农村样板房。同时，公司加大了基础设施建设和绿化设施建设。

——《贵州紫金矿业 2012 年社会责任报告》P26

2. 社区发展

[扩展指标] S4.6 企业开发或支持运营所在社区中具有社会效益的项目

指标解读：企业可通过支持社区成员创业、与社区成员共享企业的福利设施等形式，促进运营所在社区的经济社会发展。

示例

矿产资源地区大多边远偏僻，缺乏服务社区生活的必要的商业配套。我们所到之处，积极带动社区商业发展，满足公司员工生活必需，为当地居民增加收入，提高生活水平。我们将生活品需求释放到项目所在地社区，向居民采购大量蔬菜、禽蛋、肉类等食品及生活用品，在当地不能满足需要的时候，鼓励和引导当地居民生产。在赞比亚企业还免费向周边妇女提供鸡雏饲养，鸡雏长大后由企业全部购回；中色卢安夏向当地农民无偿捐赠种子及化肥，鼓励农民进行农业生产，推动当地农业经济发展；中色镍业每年在缅甸当地仅员工食堂采购一项即超过 150 万美元，在公司周边已形成了较为繁荣的社区配套商业。

——《中国有色矿业集团有限公司 2012 年社会责任报告》P64

[扩展指标] S4.7 支持采矿社区中小企业（SME）的发展

示例

我们积极培育当地市场、扶持当地企业，推动地方经济发展。在开展矿产资源开发和工程技术服务时,我们结合当地经济技术资源情况,大力推进本地化采购,开展与当地企业的技术合作,带动和促进了当地中小企业发展。我们在赞比亚采购金额占当地公司采购总额的90%左右。

——《中国有色矿业集团公司 2012 年社会责任报告》P61

核心指标 S4.8 员工本地化政策

指标解读：员工本地化是指企业在运营过程中应优先雇用所在地劳动力。其中,员工本地化最重要的是管理层（尤其是高级管理层）的本地化。

示例

中国黄金积极拓展就业渠道,促进社会劳动力就业和当地农村剩余劳动力转移。公司在招收大学毕业生、安置社会就业时,优先考虑企业所在地人员,对其进行专业化培训,使其掌握一技之长,实现良好就业。

——《中国黄金集团公司 2012 年企业社会责任报告》P76

扩展指标 S4.9 本地化雇佣比例

指标解读：本指标主要指本地员工占运营所在地机构员工的比例。

示例

我们坚持属地化用工政策,积极实施本土化招聘,努力促进运营所在国或所在地居民就业。中铝秘鲁矿业公司特罗莫克铜矿项目 310 余名员工中,98%以上为秘鲁当地居民,只有 4 名常驻秘鲁的中国员工。

——《中国铝业公司 2012 年社会责任报告》P43

扩展指标 S4.10 按主要运营地划分,在高层管理者中本地人员的比例

指标解读：本指标主要指运营所在地机构中高层管理者的本地化比例。

扩展指标 S4.11 本地化采购政策

指标解读：本指标指企业在运营过程中应优先采购运营所在地供应商商品。

示例

中国黄金坚持本地化采购政策，设备、物资材料等优先从当地采购，降低流通成本，带动地方经济发展。

——《中国黄金集团公司 2012 年企业社会责任报告》P76

3. 公益慈善

核心指标 S4.12 企业公益方针或主要公益领域

指标解读：本指标主要指企业的社会公益政策以及主要的公益投放领域。

示例

中国黄金制定《对外捐赠管理办法》，规范对外捐赠行为，积极参与抗灾救援、关心弱势群体、爱心捐助等公益事业。认真做好定点扶贫、援藏、援疆工作，担当央企责任，促进和谐发展。

——《中国黄金集团公司 2012 年企业社会责任报告》P80

扩展指标 S4.13 企业公益基金/基金会

指标解读：本指标主要描述企业成立的公益基金/基金会，以及公益基金会/基金会的宗旨和运营领域。

示例

"爱心互助基金会"扶危助困暖人心。中国铝业河南铝业本着"关爱员工，服务员工，取之于员工，用之于员工"的原则，自 2007 年底建立了"爱心互助基金会"，帮助患重病、绝症的员工渡过难关。从工会经费中一次性拨付 10 万元启动资金；在自愿基础上，员工每年从个人收入中交纳 50 元的互助金；企业行政每年从福利费中按会员人数人均拨款 50 元。2012 年，河南铝业爱心互助基金共救助 31 名患病员工，发放救助款 13.2 万元。

——《中国铝业公司 2012 年企业社会责任报告》P45

扩展指标 S4.14 海外公益

指标解读：包括企业在中国大陆之外开展的公益活动和企业向中国大陆以外

地区的捐赠等。

[核心指标] S4.15 捐赠总额

指标解读：本指标主要指企业年度资金捐助以及年度物资捐助总额。

> **示例**
>
> 我们以树立优秀全球企业公民形象为己任，积极了解回应项目所在国家和地区利益相关方的期望，真诚参与社区发展，加大对公益事业的支持力度，支持教育，改善民生，帮助贫困地区发展，为社会和谐发展做出贡献。2012年，我们对外捐赠金额累计3630万元。
>
> ——《中国有色矿业集团有限公司2012年企业社会责任报告》P62

4. 志愿者活动

[核心指标] S4.16 企业支持志愿者活动的政策、措施

指标解读：志愿服务是指不以获得报酬为目的，志愿奉献时间和智力、体力、技能等，帮助他人、服务社会的公益行为。

> **示例**
>
> 中国黄金支持志愿者活动，大力弘扬"奉献、友爱、互助、进步"的志愿者精神，并逐步使志愿者活动规范化。2012年集团公司在各地开展志愿者活动，为关爱弱势群体、推动环保、教育事业、支持重大社会活动做出了贡献。
>
> ——《中国黄金集团公司2012年企业社会责任报告》P81

[核心指标] S4.17 员工志愿者活动绩效

指标解读：本指标主要指志愿者活动的时间、人次等数据。其中，志愿服务时间是指志愿者实际提供志愿服务的时间，以小时为计量单位，不包括往返交通时间。

> **示例**
>
> 我们支持志愿者活动，鼓励员工关爱儿童、敬爱老人，为社区居民、贫

困地区帮扶献出爱心，做出贡献。2012年，公司累计志愿服务1.2万余人次，志愿服务总时间约3.5万小时。

——《中国铝业公司2012年社会责任报告》P67

五、环境绩效（E系列）

环境绩效主要描述企业在节能减排、环境保护方面的责任贡献。一般采矿业的环境绩效责任主要包括绿色经营、绿色工厂和绿色矿山三大板块（见图4-6）。

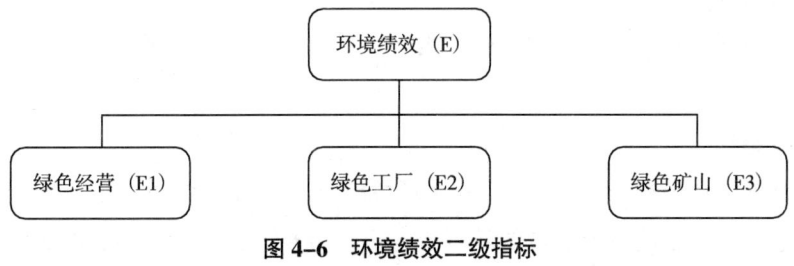

图4-6 环境绩效二级指标

（一）绿色经营（E1）

1. 环境管理体系

核心指标 E1.1 建立环境管理组织体系和制度体系

指标解读：企业应建立环境管理组织负责公司的环境管理工作，并制定相应计划、执行、检查、改进等环境管理制度。

示例

中国黄金高度重视环境管理体系建设，成立了环境保护委员会，环保处，配备专业环保人员，形成了完善的环境管理组织体系。环境管理体系建设由环境管理组织体系、环境统计监测体系和环境考核奖惩体系三部分组成。

——《中国黄金集团公司2012年企业社会责任报告》P40

扩展指标　E1.2 环保预警及应急机制

指标解读：应建立环境预警机制，以识别、监测和评估潜在的事故或紧急情况，采取措施预防和减少可能的环境影响，针对各种环境事故制订并演练应急预案。

> **示例**
>
> 我们不断推进所属企业搭建防范有力、指挥有序、快速高效和统一协调的环境事故应急处置体系，编制完善环境事故应急预案。通过应急机制建设，进一步提高公司应对环境公共危机的能力。
>
> ——《中钢集团 2012 年可持续发展报告》P51

扩展指标　E1.3 参与或加入的环保组织或倡议

指标解读：本指标包括两方面的内容，企业加入的环保组织和企业参与的环保倡议。

核心指标　E1.4 企业环境影响评价

指标解读：根据《中华人民共和国环境影响评价法》，环境影响评价是指对规划和建设项目实施后可能造成的环境影响进行分析、预测和评估，提出预防或者减轻不良环境影响的对策和措施，进行跟踪监测的方法与制度。

除国家规定需要保密的情形外，对环境可能造成重大影响、应当编制环境影响报告书的建设项目，建设单位应当在报批建设项目环境影响报告书前，举行论证会、听证会，或者采取其他形式，征求有关单位、专家和公众的意见。

核心指标　E1.5 环保总投资

指标解读：本指标是指年度投入环境保护的资金总额。

> **示例**
>
> 2012 年，中国黄金环保总投资 32000 万元。
>
> ——《中国黄金集团公司 2012 年企业社会责任报告》P83

2. 环保培训

核心指标　E1.6 环保培训与宣教

指标解读：本指标是指企业对员工（或利益相关方）开展的关于环境保护方

面的培训或宣传活动。

> **示例**
> 中国黄金积极组织开展环保宣传培训活动,邀请环保专家集中授课,加大环境监测培训力度。各权属企业邀请各企所在地省、市环保局对企业环保监测人员进行培训。各权属公司在内部刊物开辟环保专栏、公司网站设立宣传专题等丰富的宣传手段,普及技能环保意识,提高员工节能意识,按照公司要求开展形式多样的环保宣传活动,使节能理念深入人心。
> ——《中国黄金集团公司 2012 年企业社会责任报告》P41

核心指标 E1.7 环保培训绩效
指标解读:本指标包括环保培训人数、环保培训投入、环保培训时间等。

> **示例**
> 2012 年,中国黄金环保培训覆盖率 100%。
> ——《中国黄金集团公司 2012 年企业社会责任报告》P82

3. 环境信息公开

扩展指标 E1.8 环境信息公开
指标解读:本指标指企业将其环境信息通过媒体、互联网等方式,或者通过公布企业年度环境报告的形式向社会公开。

企业应当按照自愿公开与强制性公开相结合的原则,及时、准确地公开企业环境信息。环境信息公开标准参照 2007 年原国家环保总局颁发的《环境信息公开办法(试行)》(总局令第 35 号)的管理规定执行。

根据相关规定,企业可自愿公开下列企业环境信息:
(1)企业环境保护方针、年度环境保护目标及成效;
(2)企业年度资源消耗总量;
(3)企业环保投资和环境技术开发情况;
(4)企业排放污染物种类、数量、浓度和去向;
(5)企业环保设施的建设和运行情况;

(6) 企业在生产过程中产生的废物的处理、处置情况，废弃产品的回收、综合利用情况；

(7) 与环保部门签订的改善环境行为的自愿协议；

(8) 企业自愿公开的其他环境信息。

扩展指标　E1.9 与社区沟通环境影响和风险的程序和频率

指标解读：对于环境敏感型企业，应积极与社区沟通其环境影响和环境风险。

4. 绿色办公

核心指标　E1.10 绿色办公措施

指标解读：绿色办公政策或措施，包括但不限于以下内容：

(1) 夏季空调温度不低于26℃；

(2) 办公区采用节能灯具照明，且做到人走灯灭；

(3) 办公区生活用水回收再利用；

(4) 推广无纸化办公，且打印纸双面使用；

(5) 办公垃圾科学分类；

(6) 推行视频会议减少员工出行等。

示例

中国黄金及所属单位在办公活动中始终贯彻绿色理念，使用节约资源、污染少，可回收利用的产品。同时，加强信息化建设，努力实现无纸化办公。

——《中国黄金集团公司2012年企业社会责任报告》P46

扩展指标　E1.11 办公绩效

指标解读：包括办公用电量、用水量、用纸量以及垃圾处理量等方面的数据。

示例

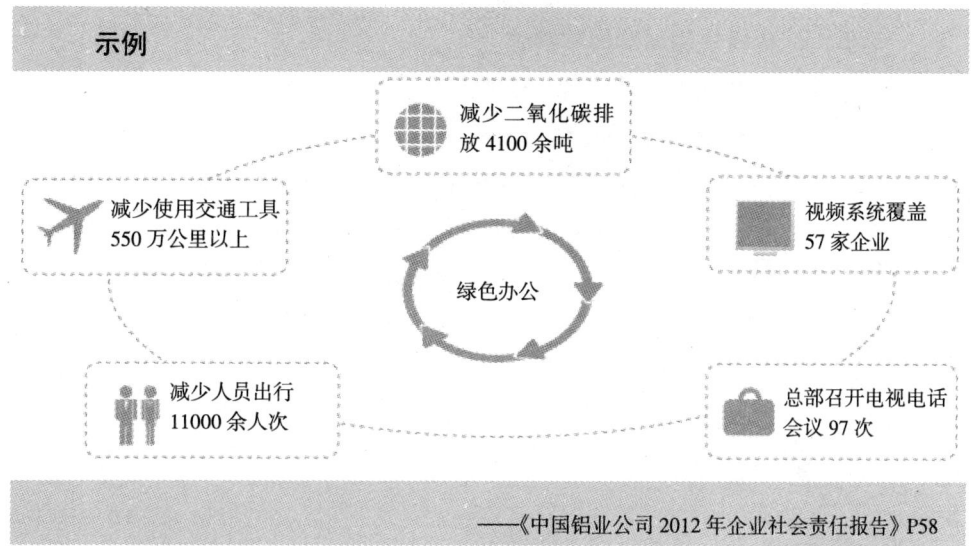

——《中国铝业公司2012年企业社会责任报告》P58

扩展指标　E1.12 减少公务旅行节约的能源

指标解读：本指标指企业通过视频会议、电话会议等形式减少公务旅行，进而减少能源消耗。

示例

　　召开视频、多点会议，租借视频设备配合组织国资委的会议14次，公司召开视频会议61次，参会人数总计约1800人次，按每次往返1000公里计，减少旅程180万公里。

——《中国黄金集团公司2012年企业社会责任报告》P42

扩展指标　E1.13 绿色建筑和营业网点

指标解读：绿色建筑指在建筑的全寿命周期内，最大限度地节约资源（节能、节地、节水、节材）、保护环境和减少污染，为人们提供健康、适用和高效的使用空间，与自然和谐共生。绿色建筑的相关评价标准参考《绿色建筑评价标准》（GB/T 50378-2006）和《绿色建筑评价技术细则（试行）》（建科〔2007〕205号）等。

示例　绿色建筑领域实现零突破

　　中铝国际十二冶重视绿色施工和能源综合利用，采用太阳能热水、光伏发电、中水利用等绿色节能环保技术以及现浇砼（BDF薄壁箱体）空心楼盖、铝合金窗断桥技术、预应力高强度混凝土管桩（PHC管桩）等10余项新技术，实现了公司在绿色建筑领域零的突破。

——《中国铝业公司2012年企业社会责任报告》P55

（二）绿色工厂（E2）

1. 能源管理

[扩展指标]　E2.1 建立能源管理体系

指标解读：本指标所称能源是指能够直接取得或者通过加工、转换而取得有用能的各种资源，包括煤炭、原油、天然气、煤层气、水能、核能、风能、太阳能、地热能、生物质能等一次能源和电力、热力、成品油等二次能源，以及其他新能源和可再生能源。

　　能源管理是指对能源消费过程中涉及的计划、组织、控制和监督等一系列工作。企业应通过系统的能源管理，通过实施一套完整的标准、规范，在组织内建立起一个完整有效的、形成文件的能源管理体系。

　　关于能源管理体系的具体要求和内容可参考GB/T 23331-2009《能源管理体系要求》国家标准。

[核心指标]　E2.2 节约能源政策措施

指标解读：节约能源是指通过加强用能管理，从能源生产到消费的各个环节，降低消耗、减少损失和污染物排放、制止浪费，有效、合理地利用能源。

示例

　　加大节能减排的资金投入，加速淘汰高耗能、高污染的落后设备和生产工艺，积极开发、应用节能技术，高标准、高起点建设新项目。

——《中国黄金集团2012年企业社会责任报告》P46

[核心指标]　E2.3 全年能源消耗总量

指标解读：本指标是指报告期内企业生产和运营所直接消耗的各种能源折合标准煤数量。一般情况下，纳入统计核算的常规能源产品（实物量）分为五大类，即煤、油、气、电、其他燃料。其中：

（1）煤：原煤、洗精煤、其他洗煤、煤制品（型煤、水煤浆、煤粉）、焦炭、其他焦化产品、焦炉煤气、高炉煤气、其他煤气。

（2）气：天然气、液化天然气。

（3）油：原油、汽油、煤油、柴油、燃料油、液化石油气、炼厂干气、其他石油制品。

（4）电：火电、水电及核电等其他一次电力。

（5）其他燃料：煤矸石、生物质能、工业废料、城市固体垃圾；热力。

核心指标 E2.4 矿区生产电耗

指标解读：本指标是指在报告期内矿区生产所消耗的电量总和。

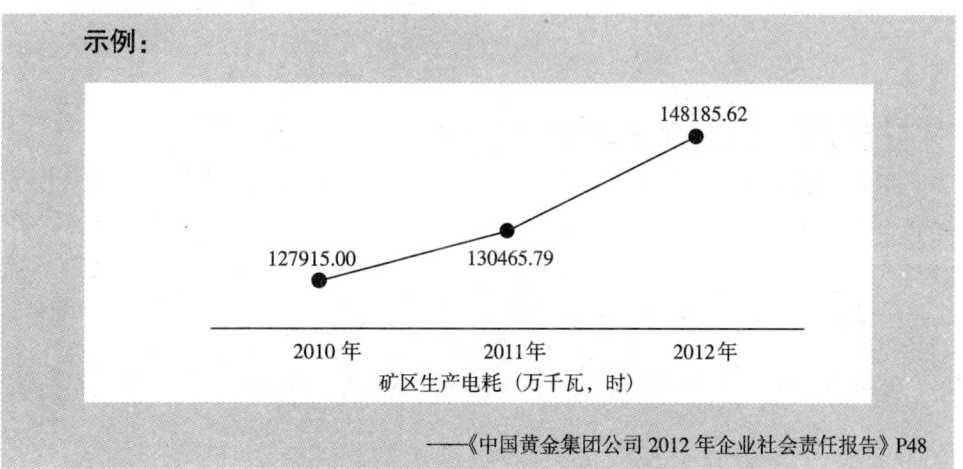

——《中国黄金集团公司 2012 年企业社会责任报告》P48

核心指标 E2.5 企业的单位产值综合能耗

指标解读：本指标指报告期内企业综合能耗与报告期内净产值之比，通常以万元产值综合能耗/万元增加值综合能耗为单位进行计量。

示例

2012 年单位产值能耗 0.0771 吨标煤/万元产值。

——《中国黄金集团公司 2012 年企业社会责任报告》P48

扩展指标 E2.6 企业使用新能源、可再生能源或清洁能源的政策、措施

指标解读：新能源是指在新技术基础上开发利用的非常规能源，包括风能、太阳能、海洋能、地热能、生物质能、氢能、核聚变能、天然气水合物等；可再生能源是指风能、太阳能、水能、生物质能、地热能、海洋能等连续、可再生的非化石能源；清洁能源是指环境污染物和二氧化碳等温室气体零排放或者低排放的一次能源，主要包括天然气、核电、水电及其他新能源和可再生能源等。

示例

中国黄金把利用可再生能源作为节能减排措施之一，鼓励下属企业应用可再生能源，支持和扶持坐落在山区，且水资源丰富的矿山企业，通过自建水电厂和改造扩大发电能力等措施，有效利用区域水能资源，降低企业生产成本。同时，解决附近农民用电，带动当地经济发展，取得了较好的社会效益。并鼓励利用太阳能加工热水、采暖和照明等。

——《中国黄金集团公司 2012 年企业社会责任报告》P46

扩展指标 E2.7 新能源、可再生能源或清洁能源使用量

指标解读：本指标是指企业在报告期内对新能源、可再生能源或清洁能源使用数量。

示例

2012 年，中国黄金可再生资源使用量为 6754 吨标准煤。

——《中国黄金集团公司 2012 年企业社会责任报告》P48

2. 清洁生产

核心指标 E2.8 减少废气排放的政策、措施或技术

指标解读：一般情况下，企业生产废气主要包括二氧化硫（SO_2）、二氧化氮（NO_2）、可吸入颗粒物（PM10）、大气细颗粒物（PM2.5）等。废气排放会造成环境污染，企业在社会责任报告中展示减少废气排放的政策、措施或技术，会向利益相关者传递更多的企业社会责任信息。

> **示例**
> 中国黄金将节能减排工作与企业的安全生产、科技攻关等重要工作共同谋划,协调开展,在旗下企业中大力推行技术革新,淘汰能耗高、效率低的电气设备,同时,也淘汰了一批落后工艺,完成了企业的节能减排计划指标,履行了央企责任。
>
> ——《中国黄金集团公司2012年企业社会责任报告》P47

核心指标　E2.9 含硫气体排放量及减排量

指标解读:本指标是指企业在报告期内含硫气体的排放量和减排量。

> **示例**
> 2012年,中国黄金含硫气体排放量为504吨。
>
> ——《中国黄金集团公司2012年企业社会责任报告》P82

核心指标　E2.10 减少废水排放的制度、措施或技术

指标解读:本指标所指废水主要指报告期内企业产生的生活污水以及生产废水。

> **示例**
> 集团公司多数企业生活污水经污水处理站处理后用于采矿场洒水、车间地面冲洗、矿区道路洒水、排土场洒水及工业场地绿化等;选矿厂工艺水和尾矿浓缩水,分别直接返回或通过选矿厂回水系统返至选矿厂高位水池内重复利用。污水可全部回用,不向外环境排水。
>
> ——《中国黄金集团公司2012年企业社会责任报告》P47

核心指标　E2.11 化学需氧量排放量及减排量

指标解读:本指标是指企业在报告期内的化学需氧量排放量及减排量方面的统计。

示例

2012 年，公司环保总投入 2 亿元，万元产值综合能耗 0.3012 吨标煤，同比下降 3.95%，二氧化硫排放量 21842 吨，化学需氧量排放量 495 吨，氮氧化物排放量 1350 吨，氨氮排放量 75 吨，主要污染物排放量同口径同比下降 2.85%，无排放超标、无环境污染事故。

——《中国有色矿业集团有限公司 2012 年企业社会责任报告》P44

核心指标　E2.12 尾矿处理

指标解读：尾矿处理是指通过先进技术或工艺对尾矿进行的治理，包括原矿石的处理和旧尾矿的处理。

示例

中国黄金对尾矿及废渣进行科学治理，在大力推广尾矿干排和无尾矿山，开发含氰尾液循环利用技术的同时积极对废弃尾矿库进行治理，取得良好效果。

——《中国黄金集团公司 2012 年企业社会责任报告》P43

核心指标　E2.13 确保残渣的安全贮存和处置

3. 循环经济

核心指标　E2.14 发展循环经济政策/措施

指标解读：根据《中华人民共和国循环经济促进法》（2008 年颁布），循环经济是指在生产、流通和消费等过程中进行的减量化、再利用、资源化活动的总称。其中，减量化是指在生产、流通和消费等过程中减少资源消耗和废物产生；再利用是指将废物直接作为产品或者经修复、翻新、再制造后继续作为产品使用，或者将废物的全部或者部分作为其他产品的部件予以使用；资源化是指将废物直接作为原料进行利用或者对废物进行再生利用。

示例

中国黄金认真贯彻执行国家有关循环经济的方针、政策，把发展循环经济作为减少排放、环境治理的重要措施和新的效益增长点，近年来投入大量资金进行循环经济项目的建设和研究。

——《中国黄金集团公司 2012 年企业社会责任报告》P46

核心指标 E2.15 尾矿的综合利用

指标解读：尾矿的综合利用是指企业通过先进技术将尾矿进行处理后"变废为宝"，变成新的生产材料。

示例

甘肃李子公司积极筹划尾矿制砖项目。公司处理部分尾矿砂采用国内先进的粉煤灰生产加气砼砌块技术，以尾矿粉、石灰、石膏、水泥、添加剂等为主要原料，按一定比例与水混合，经搅拌机拌和成型，蒸汽高压养护而成，不需烧制。

——《中国黄金集团公司 2012 年企业社会责任报告》P47

核心指标 E2.16 废渣的综合利用

指标解读：废渣的大量堆存不仅占用土地，也可能会污染地下水，给周围环境带来环保隐患。企业应积极开展废渣研究，推进废渣的无害化处理，尽量实现废渣综合再利用。

示例

沈阳研究院利用红土镍矿冶炼镍铁产生的高温炉渣直接生产出无机矿物纤维，并将其成功应用于造纸和生产保温材料，既有效利用了热能又使固体废弃物变成了有用资源。

——《中国有色矿业集团有限公司 2012 年企业社会责任报告》P47

4. 节约水资源

核心指标 E2.17 建设节水型企业

指标解读：根据工业和信息化部、水利部以及全国节约用水办公室《关于深入推进节水型企业建设工作的通知》（工信部联节〔2012〕431 号），节水型企业建设要完善企业节水管理，加强定额管理，完善用水计量，加强节水技术改造，推进工业废水回用，提高水资源重复利用率，提高职工节水意识。具体标准可参考该通知。

> **示例**
>
> 　　水是生活和生产的重要自然资源，随着人口增长和生产发展，水资源越来越匮乏，为节约用水，集团公司在新建和改（扩）建项目中将水的循环利用、节约用水作为优先原则，积极推广尾矿压滤干排技术，最大限度地实现水的循环利用，所有废水不外排，水的循环利用率达到96%，每天只需补充被尾矿带走的少量水即可。积极应用新工艺、新技术和新设备对现有生产系统进行升级改造，减少耗水量。积极回收矿山井下涌水和生活污水，经处理后用于工业生产，实现水资源的循环利用，节约用水。
>
> 　　集团公司多数企业生活污水经污水处理站处理后用于采矿场洒水、车间地面冲洗、矿区道路洒水、排土场洒水及工业场地绿化等；选矿厂工艺水和尾矿浓缩水，分别直接返回或通过选矿厂回水系统返至选矿厂高位水池内重复利用。污水可全部回用，不向外环境排水。
>
> 　　　　　　　　　　　　　　　　　　——《中国黄金集团2012年社会责任报告》P47

核心指标 E2.18 年度新鲜水用水量/单位工业增加值新鲜水耗

指标解读：工业用新鲜水量指报告期内企业厂区内用于生产和生活的新鲜水量（生活用水单独计量且生活污水不与工业废水混排的除外），它等于企业从城市自来水取用的水量和企业自备水用量之和。工业增加值指全部企业工业增加值，不限于规模以上企业工业增加值。单位工业增加值新鲜水耗=工业用新鲜水量/工业增加值。

核心指标 E2.19 中水循环使用量

指标解读：中水是指各种排水经处理后，达到规定的水质标准，可在生活、市政、环境等范围内杂用的非饮用水。因为它的水质指标低于生活饮用水的水质标准，但又高于允许排放的污水的水质标准，处于二者之间，所以叫做"中水"。

> **示例**
>
> 　　全年完成中水利用量1253.6万吨，工业水重复利用率达到93.4%。
>
> 　　　　　　　　　　　　　　——《金川集团股份有限公司2012年社会责任报告》P43

5. 减少温室气体排放

核心指标 E2.20 减少温室气体排放的计划及成效

指标解读：温室气体指任何会吸收和释放红外线辐射并存在大气中的气体。京都议定书中控制的6种温室气体为：二氧化碳（CO_2）、甲烷（CH_4）、氧化亚氮（N_2O）、氢氟碳化合物（HFCs）、全氟碳化合物（PFCs）、六氟化硫（SF_6）。

> **示例**
>
> 全氟化碳（PFC）是强温室效应气体，其温室效应是 CO_2 的 6500~9200 倍，对气候变化的影响显著。中国铝业郑州研究院突破"电解铝只在阳极效应期间排放 PFC 气体"的传统理念局限，开发铝电解非阳极效应 PFC 排放的检测技术，形成消除非阳极效应 PFC 排放的关键技术。该技术应用后，PFC 总排放量平均下降 80% 以上，非效应 PFC 排放量平均下降 90% 以上，环境效益显著。自 2008 年工业试验完成后，PFC 减排技术已推广应用 2400 余台电解槽，累计减排 CO_2 当量 233 万吨。
>
> ——《中国铝业公司 2012 年社会责任报告》P57

扩展指标 E2.21 温室气体排放量及减排量

指标解读：关于温室气体的核算，可参考 ISO14064 温室气体排放核算、验证标准，也可参考国家相关机构发布的核算指南。

> **示例**
>
> 2012 年减少二氧化碳排放 4100 余吨。
>
> ——《中国铝业公司 2012 年社会责任报告》P58

（三）绿色矿山（E3）

1. 保护生态多样性

核心指标 E3.1 在采矿作业整个生命周期和价值链中保护生物多样性

指标解读：根据《生物多样性公约》，"生物多样性"是指所有来源的活的生物体中的多样性，这些来源包括陆地、海洋和其他水生生态系统及其所构成的生态综合体；包括物种内、物种之间和生态系统的多样性。

一般而言,在涉及生物多样性保护项目中,组织可采取以下两种方式保护生物多样性:

(1) 就地保护:就地保护是指为了保护生物多样性,把包含保护对象在内的一定面积的陆地或水体划分出来,进行保护和管理。就地保护的对象,主要包括有代表性的自然生态系统和珍稀濒危动植物的天然集中分布区等。就地保护是生物多样性保护中最为有效的一项措施。

(2) 迁地保护:指为了保护生物多样性,把因生存条件不复存在,物种数量极少或难以找到配偶等原因,而生存和繁衍受到严重威胁的物种迁出原地,移入动物园、植物园、水族馆和濒危动物繁殖中心,进行特殊的保护和管理,是对就地保护的补充。迁地保护的最高目标是建立野生群落。

> **示例**
>
> 柿凤公路位于云岭高原与四川盆地的结合部,有丰富的动植物资源。二十三冶建设集团有限公司在昭通市投资建设柿凤公路前,举办保护生态系统培训,详细介绍野生动物保护相关的法律法规,以及公路穿过区域的珍稀动植物物种;在施工建设过程中,标识出工程区域内珍稀植物;在竣工后,根据需要回植部分植物。
>
> ——《中国五矿集团公司2012年社会责任报告》P48

[核心指标] E3.2 在工程建设中保护自然栖息地、湿地、森林、草原、野生动物廊道、农业用地

指标解读:本指标说明了企业在工程建设中对自然、生态的保护意识、行为、活动或措施。

> **示例**
>
> 我们坚持"既要金山银山,更要绿水青山"的环境保护理念,在资源开发和生产经营中注重保护环境,保护生物多样性,在工程建设过程中保护自然栖息地、湿地、森林、野生动物廊道和农业用地,尽量减少资源开发对植被覆盖和动物栖息地的影响。
>
> ——《中国铝业公司2012年社会责任报告》P58

2. 生态恢复与治理

核心指标　E3.3 矿区生态恢复与重建制度/措施

指标解读：矿区生态恢复与重建，有助于促进社区生态文明建设，是构建社会主义和谐社会重要组成部分。本指标说明了企业在矿区生态恢复与重建方面所做的工作。

> **示例**
>
> 中国黄金在矿产资源开发设计、开采各阶段中，认真执行《矿产资源开发利用方案》、《矿山地质环境保护与治理恢复方案》、《矿山土地复垦方案》；坚持"边开采、边复垦"，土地复垦技术先进，资金到位，对矿山压占、损毁后可复垦的土地得到全面复垦利用，因地制宜，尽可能优先复垦为耕地或农用地。
>
> ——《中国黄金集团公司 2012 年企业社会责任报告》P44

核心指标　E3.4 矿区植被恢复制度/措施

指标解读：本指标说明了企业在矿区开发前期、中期、后期对植被恢复订立的开采制度与措施。

> **示例**
>
> 公司坚持预防为主、防治结合的原则，在采矿方法上优先选择不破坏地表生态环境、地表不塌陷的充填采矿法；在尾矿库的表面进行覆土植草，利用尾矿充填滩涂，覆土后改造为良田、绿地、树林，致力于建设绿色矿山。
>
> ——《中国五矿集团公司 2012 年可持续发展报告》P48

3. 节约土地资源

核心指标　E3.5 节约使用土地资源的制度、措施

指标解读：本指标是指报告期内企业在节约使用土地资源方面的制度、措施。

> **示例**
>
> 为了避免在矿山开发中破坏地表植被、占用过多土地，造成土地沙砾化

和岩质化等自然环境损害问题，中国黄金要求在项目设计和建设时，最大限度地减少用地，坚持在剥离中复垦，在建设中绿化，建设花园式矿山。

——《中国黄金集团公司2012年企业社会责任报告》P46

<u>核心指标</u> E3.6 避免或减少土壤污染的制度

<u>核心指标</u> E3.7 土地复垦制度

<u>核心指标</u> E3.8 露天矿排土场复垦率

指标解读：本指标是指企业复垦的露天矿排土场占总体的比率。

> **示例**
>
> 2012年，中国黄金露天矿排土场复垦率为11.06%。
>
> ——《中国黄金集团公司2012年企业社会责任报告》P48

4. 环保公益

<u>核心指标</u> E3.9 环保公益活动

指标解读：环保公益活动是指企业出人、出物或出钱赞助和支持某项环保公益事业的活动。

> **示例**
>
> 我们积极采取措施，保护当地生态环境，组织员工和项目所在地居民开展保护、恢复生态系统的公益行动，实现项目工程与周边生态和谐共生。中色镍业成立环境保护宣传小组，制定《中色镍业有限公司环境保护说明书》，主动向社会公众宣传环境保护理念、措施与计划；并设置专门的岗位与电话，解答社会公众关心的环保问题。
>
> ——《中国有色矿业集团有限公司2012年社会责任报告》P49

六、报告后记（A 系列）

报告后记部分主要包括对未来社会责任工作的展望、对报告的点评及评价、报告参考及索引、读者意见反馈四个方面。

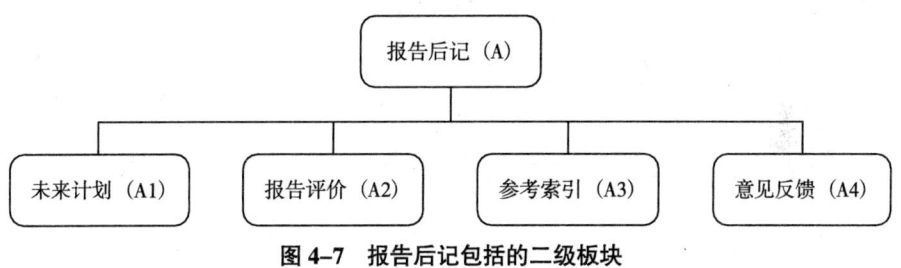

图 4-7 报告后记包括的二级板块

（一）未来计划（A1）

本部分主要描述企业对公司社会责任工作四个方面（责任管理、市场绩效、社会绩效和环境绩效）的展望与规划。

> **示例**
>
> 站在新的起点上，面对"十二五"后三年，中国黄金将把握机遇，依法合规经营，优化运营架构，加强人才培养，提升财务管理，推进信息化，强化科技创新，推进安全生产，建设绿色企业、实现企地和谐，加强文化建设，提高发展质量，进一步坚定发展信心，坚定不移向着建设世界一流矿业公司奋勇前进。
>
> 中国黄金志存高远，只争朝夕，埋头苦干，一往无前，将推动各项工作实现新的跨越，坚定不移为"十二五"战略目标而奋斗，开创中国黄金集团公司更加美好的明天，实现社会、自然和企业的共同和谐发展！
>
> ——《中国黄金集团公司 2012 年企业社会责任报告》P84

（二）报告评价（A2）

社会责任专家或行业专家，利益相关方或专业机构对报告的评价。报告评价主要有以下四种形式：

（1）专家点评：即由社会责任研究专家或行业专家对企业社会责任报告的科学性、可行性以及报告反映的企业社会责任工作信息进行点评；

（2）利益相关方评价：即由企业的利益相关方（股东、客户、供应商、员工、合作伙伴等）对企业社会责任报告的科学性、可行性以及报告反映的企业社会责任工作信息进行评价；

（3）报告评级：即由"中国企业社会责任报告评级专家委员会"从报告的完整性、实质性、平衡性、可比性、可读性和创新性等方面对报告做出评价，出具评级报告；

（4）报告审验：即由专业机构对企业社会责任报告进行审验。

（三）参考索引（A3）

本部分主要描述企业对本报告编写参考指南的应用情况，即对本报告编写参考指南要求披露的各条信息企业进行披露的情况。

（四）意见反馈（A4）

本部分主要内容为读者意见调查表，以及读者意见反馈的渠道。

模板

为了持续改进××公司社会责任工作及社会责任报告编写工作，我们特别希望倾听您的意见和建议。请您协助完成意见反馈表中提出的相关问题，并传真到+86-××-××××××××。您也可以选择通过网络（http：//www.×××.com）回答问题。

第四章　报告指标详解

1. 报告整体评价（请在相应位置打"√"）。

选项	很好	较好	一般	较差	很差
本报告全面、准确地反映了××公司的社会责任工作现状					
本报告对利益相关方所关心的问题进行回应和披露					
本报告披露的信息数据清晰、准确、完整					
本报告的可读性，即报告的逻辑主线、内容设计、语言文字和版式设计					

2. 您认为本报告最让您满意的方面是什么？

3. 您认为还有哪些您需要了解的信息在本报告中没有反映？

4. 您对我们今后的社会责任工作及社会责任报告发布有何建议？

如果方便，请告诉我们关于您的信息：

姓　　名：　　　　　　职　　业：
机　　构：　　　　　　联系地址：
邮　　编：
E-mail：
电　　话：
传　　真：

我们的联系方式是：
××公司××部门
中国××省（市）××区××路××号
邮政编码：××××××
电话：+86-××-××××××××
传真：+86-××-××××××××
E-mail：××@××.com

第五章 指标速查

一、行业特征指标表（35个）

指标名称	定性指标（●） 定量指标（⊕）	核心指标（★） 扩展指标（☆）
市场绩效部分（9个）		
挖掘矿产资源潜力	●	★
提高采矿回采率	⊕	★
提高选矿回收率	⊕	★
残矿回收的制度、措施	●/⊕	★
残矿回收量	⊕	★
矿产资源综合开发	●/⊕	★
二次资源综合利用	●	☆
完善矿业开发产业链	●	☆
开展两化融合	●	☆
社会绩效部分（11个）		
对承包商安全管理的政策、制度及措施	●	★
隐患排查治理体系	●	★
安全生产标准化建设	●	★
矿山六大系统建设	●	★
危险因素分析	●	★
危险化学品仓储、运输和回收管理	●	★
易燃易爆品管理	●	★
尾矿库管理	●	★
尊重、保护社区的文化传统和遗产	●	☆
移民与补偿	●/⊕	★
支持采矿社区中小企业（SME）的发展	●	☆

续表

指标名称	定性指标（●） 定量指标（⊕）	核心指标（★） 扩展指标（☆）
环境绩效部分（15个）		
矿区生产电耗	⊕	★
含硫气体排放量及减排量	⊕	★
化学需氧量排放量及减排量	⊕	★
尾矿处理	●	★
确保残渣的安全储存和处置	●	★
尾矿的综合利用	●/⊕	★
废渣的综合利用	●/⊕	★
在采矿作业整个生命周期和价值链中保护生物多样性	●	★
在工程建设中保护自然栖息地、湿地、森林、草原、野生动物廊道、农业用地	●	★
矿区生态恢复与重建制度、措施	●	★
矿区植被恢复制度、措施	●	★
节约使用土地资源的制度、措施	●	★
避免或减少土壤污染的制度	●	★
土地复垦制度	●	★
露天矿排土场复垦率	⊕	★

二、核心指标表（130个）

指标名称	定性指标（●） 定量指标（⊕）
第一部分：报告前言（P系列）	
（P1）报告规范	
P1.2 报告信息说明	●
P1.3 报告边界	●
P1.4 报告体系	●
P1.5 联系方式	●
（P2）报告流程	
P2.1 报告实质性议题选择程序	●
（P3）高管致辞	
P3.1 企业履行社会责任的机遇和挑战	●

续表

指标名称	定性指标（●） 定量指标（⊕）
P3.2 企业年度社会责任工作成绩与不足的概括总结	●
（P4）企业简介	
P4.1 企业名称、所有权性质及总部所在地	●
P4.2 企业主要品牌、产品及服务	●
P4.3 企业运营地域及运营架构，包括主要部门、运营企业、附属及合营机构	●
P4.4 按产业、顾客类型和地域划分的服务市场	●/⊕
P4.5 按雇佣合同（正式员工和非正式员工）和性别分别报告从业员工总数	⊕
（P5）年度进展	
P5.1 年度社会责任重大工作	●/⊕
P5.2 年度责任绩效	⊕
P5.3 年度责任荣誉	●
第二部分：责任管理（G 系列）	
（G1）责任战略	
G1.1 社会责任理念、愿景及价值观	●
G1.2 辨识企业的核心社会责任议题	●
（G2）责任治理	
G2.1 建立社会责任组织体系	●
G2.1 社会责任组织体系的职责与分工	●
（G4）责任绩效	
G4.4 企业在经济、社会或环境领域发生的重大事故，受到的影响和处罚以及企业的应对措施	●/⊕
（G5）责任沟通	
G5.1 企业利益相关方名单	●
G5.2 利益相关方的关注点和企业的回应措施	●
G5.3 企业内部社会责任沟通机制	●
G5.4 企业外部社会责任沟通机制	●
G5.5 企业高层领导参与的社会责任沟通与交流活动	●/⊕
（G6）责任能力	
G6.1 通过培训等手段培育负责任的企业文化	●/⊕
第三部分：市场绩效（M 系列）	
（M1）股东责任	
M1.1 股东参与企业治理的政策和机制	●
M1.2 保护中小投资者利益	●
M1.3 规范信息披露	●/⊕
M1.4 成长性	⊕
M1.5 收益性	⊕
M1.6 安全性	⊕
（M2）资源可持续开发	

续表

指标名称	定性指标（●） 定量指标（⊕）
M2.1 挖掘矿产资源潜力	●
M2.2 提高采矿回采率	⊕
M2.3 提高选矿回收率	⊕
M2.4 残矿回收的制度、措施	●/⊕
M2.5 残矿回收量	⊕
M2.6 矿产资源综合开发	●/⊕
M2.7 支持科技创新的制度	●
M2.8 科技或研发投入	⊕
M2.9 科技工作人员数量及比例	⊕
M2.10 新增专利数	⊕
M2.11 重大创新奖项	●/⊕
(M3) 产业链责任	
M3.1 责任采购的制度及（或）方针	●
M3.2 供应商通过质量、环境和职业健康安全管理体系认证的比率	⊕
M3.3 产品质量管理体系	●
M3.4 客户关系管理体系	●
M3.5 战略共享机制及平台	●
M3.6 诚信经营的理念与制度保障	●
M3.7 公平竞争的理念及制度保障	●
M3.8 识别并描述企业的价值链及责任影响	●
第四部分：社会绩效（S 系列）	
(S1) 政府责任	
S1.1 企业守法合规体系	●
S1.2 守法合规培训	●/⊕
S1.3 禁止商业贿赂和商业腐败	●
S1.4 纳税总额	⊕
S1.5 响应国家政策	●
S1.6 确保就业及（或）带动就业的政策或措施	●
S1.7 报告期内吸纳就业人数	⊕
(S2) 员工责任	
S2.1 劳动合同签订率	⊕
S2.2 民主管理	●
S2.3 按运营地划分员工最低工资和当地最低工资的比例	⊕
S2.4 社会保险覆盖率	⊕
S2.5 按雇佣性质（正式、非正式）划分的福利体系	●
S2.6 女性管理者比例	⊕
S2.7 职业病防治制度	●

续表

指标名称	定性指标（●） 定量指标（⊕）
S2.8 职业安全健康培训	●/⊕
S2.9 年度新增职业病和企业累计职业病	⊕
S2.10 体检及健康档案覆盖率	⊕
S2.11 员工职业发展通道	●
S2.12 员工培训体系	●
S2.13 员工培训绩效	⊕
S2.14 困难员工帮扶投入	⊕
（S3）安全生产	
S3.1 安全生产管理体系	●
S3.2 对承包商安全管理的政策、制度及措施	●
S3.3 安全应急管理机制	●
S3.4 隐患排查治理体系	●
S3.5 安全生产标准化建设	●
S3.6 矿山六大系统建设	●
S3.7 危险因素分析	●
S3.8 危险化学品仓储、运输和回收管理	●
S3.9 易燃易爆品管理	●
S3.10 尾矿库管理	●
S3.11 安全教育与培训	●/⊕
S3.12 安全培训绩效	⊕
S3.13 安全生产投入	⊕
S3.14 安全生产事故数	⊕
S3.15 员工伤亡人数	⊕
（S4）和谐矿区	
S4.1 评估企业进入或退出社区时对社区环境和社会的影响	●
S4.2 新建项目执行环境和社会影响评估的比率	⊕
S4.3 移民与补偿	●/⊕
S4.4 员工本地化政策	●
S4.5 企业公益方针或主要公益领域	●
S4.6 捐赠总额	⊕
S4.7 企业支持志愿者活动的政策、措施	●
S4.8 员工志愿者活动绩效	⊕
第五部分：环境绩效（E 系列）	
（E1）绿色经营	
E1.1 建立环境管理组织体系和制度体系	●
E1.2 企业环境影响评价	●
E1.3 环保总投资	⊕

续表

指标名称	定性指标（●） 定量指标（⊕）
E1.4 环保培训与宣教	●/⊕
E1.5 环保培训绩效	⊕
E1.6 绿色办公措施	●
（E2）绿色工厂	
E2.1 节约能源政策措施	●
E2.2 全年能源消耗总量	⊕
E2.3 矿区生产电耗	⊕
E2.4 企业的单位产值综合能耗	⊕
E2.5 减少废气排放的政策、措施或技术	●
E2.6 含硫气体排放量及减排量	⊕
E2.7 减少废水排放的制度、措施或技术	●
E2.8 化学需氧量排放量及减排量	⊕
E2.9 尾矿处理	●
E2.10 确保残渣的安全贮存和处置	●
E2.11 发展循环经济政策/措施	●
E2.12 尾矿的综合利用	●/⊕
E2.13 废渣的综合利用	●/⊕
E2.14 建设节水型企业	●
E2.15 年度新鲜水用水量/单位工业增加值新鲜水耗	⊕
E2.16 中水循环使用量	⊕
E2.17 减少温室气体排放的计划及成效	●
（E3）绿色矿山	
E3.1 在采矿作业整个生命周期和价值链中保护生物多样性	●
E3.2 在工程建设中保护自然栖息地、湿地、森林、草原、野生动物廊道、农业用地	●
E3.3 矿区生态恢复与重建制度、措施	●
E3.4 矿区植被恢复制度、措施	●
E3.5 节约使用土地资源的制度、措施	●
E3.6 避免或减少土壤污染的制度	●
E3.7 土地复垦制度	●
E3.8 露天矿排土场复垦率	⊕
E3.9 环保公益活动	●/⊕
第六部分：报告后记（A 系列）	
（A1）计划：公司对社会责任工作的规划	●/⊕
（A2）报告评价：社会责任专家或行业专家、利益相关方或专业机构对报告的评价	●
（A4）意见反馈：读者意见调查表及读者意见反馈渠道	●

三、通用指标表（197个）

指标名称	定性指标（●）	核心指标（★）
	定量指标（⊕）	扩展指标（☆）
第一部分：报告前言（P系列）		
（P1）报告规范		
P1.1 报告审核程序或审核结果	●	☆
P1.2 报告信息说明	●	★
P1.3 报告边界	●	★
P1.4 报告体系	●	★
P1.5 联系方式	●	★
（P2）报告流程		
P2.1 报告编写流程	●	☆
P2.2 报告实质性议题选择程序	●	★
P2.3 利益相关方参与报告过程的程序和方式	●	☆
（P3）高管致辞		
P3.1 企业履行社会责任的机遇和挑战	●	★
P3.2 企业年度社会责任工作成绩与不足的概括总结	●	★
（P4）企业简介		
P4.1 企业名称、所有权性质及总部所在地	●	★
P4.2 企业主要品牌、产品及服务	●	★
P4.3 企业运营地域及运营架构，包括主要部门、运营企业、附属及合营机构	●	★
P4.4 按产业、顾客类型和地域划分的服务市场	●/⊕	★
P4.5 按雇佣合同（正式员工和非正式员工）和性别分别报告从业员工总数	⊕	★
P4.6 列举企业在协会、国家或国际组织中的会员资格	●	☆
P4.7 报告期内关于组织规模、结构、所有权或供应链的重大变化	●	☆
（P5）年度进展		
P5.1 年度社会责任重大工作	●/⊕	★
P5.2 年度责任绩效	⊕	★
P5.3 年度责任荣誉	●	★
第二部分：责任管理（G系列）		
（G1）责任战略		

续表

指标名称	定性指标（●） 定量指标（⊕）	核心指标（★） 扩展指标（☆）
G1.1 社会责任理念、愿景及价值观	●	★
G1.2 企业签署的外部社会责任倡议	●	☆
G1.3 辨识企业的核心社会责任议题	●	★
G1.4 企业社会责任规划	●/⊕	☆
（G2）责任治理		
G2.1 社会责任领导机构	●	☆
G2.2 利益相关方与企业最高治理机构之间沟通的渠道或程序	●	☆
G2.3 建立社会责任组织体系	●	★
G2.4 社会责任组织体系的职责与分工	●	★
G2.5 社会责任管理制度	●	☆
（G3）责任融合		
G3.1 推进下属企业社会责任工作	●/⊕	☆
G3.2 推动供应链合作伙伴履行社会责任	●/⊕	☆
（G4）责任绩效		
G4.1 构建企业社会责任指标体系	●	☆
G4.2 依据企业社会责任指标进行绩效评估	●/⊕	☆
G4.3 企业社会责任优秀评选	●	☆
G4.4 企业在经济、社会或环境领域发生的重大事故，受到的影响和处罚以及企业的应对措施	●/⊕	★
（G5）责任沟通		
G5.1 企业利益相关方名单	●	★
G5.2 识别及选择核心利益相关方的程序	●	☆
G5.3 利益相关方的关注点和企业的回应措施	●	★
G5.4 企业内部社会责任沟通机制	●	★
G5.5 企业外部社会责任沟通机制	●	★
G5.6 企业高层领导参与的社会责任沟通与交流活动	●/⊕	★
（G6）责任能力		
G6.1 开展 CSR 课题研究	●	☆
G6.2 参与社会责任研究和交流	●	☆
G6.3 参加国内外社会责任标准的制定	●	☆
G6.4 通过培训等手段培育负责任的企业文化	●/⊕	★
第三部分：市场绩效（M 系列）		
（M1）股东责任		
M1.1 股东参与企业治理的政策和机制	●	★
M1.2 保护中小投资者利益	●	★
M1.3 规范信息披露	●/⊕	★

续表

指标名称	定性指标（●） 定量指标（⊕）	核心指标（★） 扩展指标（☆）
M1.4 成长性	⊕	★
M1.5 收益性	⊕	★
M1.6 安全性	⊕	★
(M2) 资源可持续开发		
M2.1 挖掘矿产资源潜力	●	★
M2.2 提高采矿回采率	⊕	★
M2.3 提高选矿回收率	⊕	★
M2.4 残矿回收的制度、措施	●/⊕	★
M2.5 残矿回收量	⊕	★
M2.6 矿产资源综合开发	●/⊕	★
M2.7 二次资源综合利用	●	☆
M2.8 完善矿业开发产业链	●	☆
M2.9 开展两化融合	●	☆
M2.10 支持科技创新的制度	●	★
M2.11 科技或研发投入	⊕	★
M2.12 科技工作人员数量及比例	⊕	★
M2.13 新增专利数	⊕	★
M2.14 重大创新奖项	●/⊕	★
(M3) 产业链责任		
M3.1 责任采购的制度及（或）方针	●	★
M3.2 供应商社会责任评估和调查的程序和频率	●/⊕	☆
M3.3 供应商通过质量、环境和职业健康安全管理体系认证的比率	⊕	★
M3.4 供应商受到经济、社会或环境方面处罚的个数	⊕	☆
M3.5 责任采购比率	⊕	☆
M3.6 产品质量管理体系	●	★
M3.7 客户关系管理体系	●	★
M3.8 战略共享机制及平台	●	★
M3.9 诚信经营的理念与制度保障	●	★
M3.10 公平竞争的理念及制度保障	●	★
M3.11 经济合同履约率	⊕	☆
M3.12 识别并描述企业的价值链及责任影响	●	★
M3.13 企业在促进价值链履行社会责任方面的倡议和政策	●	☆
M3.14 企业对价值链成员进行的社会责任教育、培训	●/⊕	☆
第四部分：社会绩效（S系列）		
(S1) 政府责任		
S1.1 企业守法合规体系	●	★

续表

指标名称	定性指标（●） 定量指标（⊕）	核心指标（★） 扩展指标（☆）
S1.2 守法合规培训	●/⊕	★
S1.3 禁止商业贿赂和商业腐败	●	★
S1.4 企业守法合规审核绩效	⊕	☆
S1.5 纳税总额	⊕	★
S1.6 响应国家政策	●	★
S1.7 确保就业及（或）带动就业的政策或措施	●	★
S1.8 报告期内吸纳就业人数	⊕	★
（S2）员工责任		
S2.1 劳动合同签订率	⊕	★
S2.2 集体谈判与集体合同覆盖率	●/⊕	☆
S2.3 民主管理	●	★
S2.4 参加工会的员工比例	⊕	☆
S2.5 通过申诉机制申请、处理和解决的员工申诉数量	●/⊕	☆
S2.6 雇员隐私管理	●	☆
S2.7 兼职工、临时工和劳务派遣工权益保护	●	☆
S2.8 按运营地划分员工最低工资和当地最低工资的比例	⊕	★
S2.9 社会保险覆盖率	⊕	★
S2.10 超时工作报酬	⊕	☆
S2.11 每年人均带薪年休假天数	⊕	☆
S2.12 按雇佣性质（正式、非正式）划分的福利体系	●	★
S2.13 女性管理者比例	⊕	★
S2.14 少数民族或其他种族员工比例	⊕	☆
S2.15 残疾人雇佣率或雇用人数	⊕	☆
S2.16 职业健康与安全委员会中员工的占比	⊕	☆
S2.17 职业病防治制度	●	★
S2.18 职业安全健康培训	●/⊕	★
S2.19 年度新增职业病和企业累计职业病	⊕	★
S2.20 工伤预防制度和措施	●	☆
S2.21 员工心理健康制度、措施	●	☆
S2.22 体检及健康档案覆盖率	⊕	★
S2.23 向兼职工、劳务工和临时工及分包商职工提供同等的健康和安全保护	●	☆
S2.24 员工职业发展通道	●	★
S2.25 员工培训体系	●	★
S2.26 员工培训绩效	⊕	★
S2.27 困难员工帮扶投入	⊕	★
S2.28 为特殊人群（如孕妇、哺乳妇女等）提供特殊保护	●	☆

续表

指标名称	定性指标（●） 定量指标（⊕）	核心指标（★） 扩展指标（☆）
S2.29 尊重员工家庭责任和业余生活，确保工作生活平衡	●	☆
S2.30 员工满意度	⊕	☆
S2.31 员工流失率	⊕	☆
(S3) 安全生产		
S3.1 安全生产管理体系	●	★
S3.2 对承包商安全管理的政策、制度及措施	●	★
S3.3 安全应急管理机制	●	★
S3.4 隐患排查治理体系	●	★
S3.5 安全生产标准化建设	●	★
S3.6 矿山六大系统建设	●	★
S3.7 危险因素分析	●	★
S3.8 危险化学品仓储、运输和回收管理	●	★
S3.9 易燃易爆品管理	●	★
S3.10 尾矿库管理	●	★
S3.11 安全教育与培训	●/⊕	★
S3.12 安全培训绩效	⊕	★
S3.13 安全生产投入	⊕	★
S3.14 安全生产事故数	⊕	★
S3.15 员工伤亡人数	⊕	★
(S4) 和谐矿区		
S4.1 评估企业进入或退出社区时对社区环境和社会的影响	●	★
S4.2 新建项目执行环境和社会影响评估的比率	⊕	★
S4.3 社区代表参与项目建设或开发的机制	●	☆
S4.4 尊重、保护社区的文化传统和遗产	●	☆
S4.5 移民与补偿	●/⊕	★
S4.6 企业开发或支持运营所在社区中具有社会效益的项目	●	☆
S4.7 支持采矿社区中小企业（SME）的发展	●	☆
S4.8 员工本地化政策	●	★
S4.9 本地化雇佣比例	⊕	☆
S4.10 按主要运营划分，在高层管理者中本地人员的比例	⊕	☆
S4.11 本地化采购政策	●	☆
S4.12 企业公益方针或主要公益领域	●	★
S4.13 企业公益基金/基金会	●	☆
S4.14 海外公益	●/⊕	☆
S4.15 捐赠总额	⊕	★
S4.16 企业支持志愿者活动的政策、措施	●	★

续表

指标名称	定性指标（●） 定量指标（⊕）	核心指标（★） 扩展指标（☆）
S4.17 员工志愿者活动绩效	⊕	★
第五部分：环境绩效（E系列）		
(E1) 绿色经营		
E1.1 建立环境管理组织体系和制度体系	●	★
E1.2 环保预警及应急机制	●	☆
E1.3 参与或加入的环保组织或倡议	●	☆
E1.4 企业环境影响评价	●	★
E1.5 环保总投资	⊕	★
E1.6 环保培训与宣教	●/⊕	★
E1.7 环保培训绩效	⊕	★
E1.8 环境信息公开	●	☆
E1.9 与社区沟通环境影响和风险的程序和频率	●/⊕	☆
E1.10 绿色办公措施	●	★
E1.11 办公绩效	⊕	☆
E1.12 减少公务旅行节约的能源	●/⊕	☆
E1.13 绿色建筑和营业网点	●/⊕	☆
(E2) 绿色工厂		
E2.1 建立能源管理体系	●	☆
E2.2 节约能源政策措施	●	★
E2.3 全年能源消耗总量	⊕	★
E2.4 矿区生产电耗	⊕	★
E2.5 企业的单位产值综合能耗	⊕	★
E2.6 企业使用新能源、可再生能源或清洁能源的政策、措施	●	☆
E2.7 新能源、可再生能源或清洁能源使用量	⊕	☆
E2.8 减少废气排放的政策、措施或技术	●	★
E2.9 含硫气体排放量及减排量	⊕	★
E2.10 减少废水排放的制度、措施或技术	●	★
E2.11 化学需氧量排放量及减排量	⊕	★
E2.12 尾矿处理	●	★
E2.13 确保残渣的安全贮存和处置	●	★
E2.14 发展循环经济政策/措施	●	★
E2.15 尾矿的综合利用	●/⊕	★
E2.16 废渣的综合利用	●/⊕	★
E2.17 建设节水型企业	●	★
E2.18 年度新鲜水用水量/单位工业增加值新鲜水耗	⊕	★
E2.19 中水循环使用量	⊕	★

续表

指标名称	定性指标（●） 定量指标（⊕）	核心指标（★） 扩展指标（☆）
E2.20 减少温室气体排放的计划及成效	●	★
E2.21 温室气体排放量及减排量	⊕	☆
（E3）绿色矿山		
E3.1 在采矿作业整个生命周期和价值链中保护生物多样性	●	★
E3.2 在工程建设中保护自然栖息地、湿地、森林、草原、野生动物廊道、农业用地	●	★
E3.3 矿区生态恢复与重建制度、措施	●	★
E3.4 矿区植被恢复制度、措施	●	★
E3.5 节约使用土地资源的制度、措施	●	★
E3.6 避免或减少土壤污染的制度	●	★
E3.7 土地复垦制度	●	★
E3.8 露天矿排土场复垦率	⊕	★
E3.9 环保公益活动	●/⊕	★
第六部分：报告后记（A系列）		
（A1）计划：公司对社会责任工作的规划	●/⊕	★
（A2）报告评价：社会责任专家或行业专家、利益相关方或专业机构对报告的评价	●	★
（A3）参考索引：对本指南要求披露指标的采用情况	●	☆
（A4）意见反馈：读者意见调查表及读者意见反馈渠道	●	★

管理篇

第六章 报告全生命周期管理

社会责任报告全生命周期管理是指企业在社会责任报告编写和使用的全过程中对报告进行全方位的价值管理，充分发挥报告在利益相关方沟通、公司社会责任绩效监控方面的作用，将报告作为提升公司社会责任管理水平的有效工具。社会责任报告全生命周期管理涉及组织、参与、界定、启动、撰写、发布和反馈七个过程要素：

（1）组织：建立社会责任报告编写的组织体系并监控报告编写过程；

（2）参与：利益相关方参与报告编写全过程；

（3）界定：确定报告的边界和实质性议题；

（4）启动：召开社会责任报告编写培训会暨启动会；

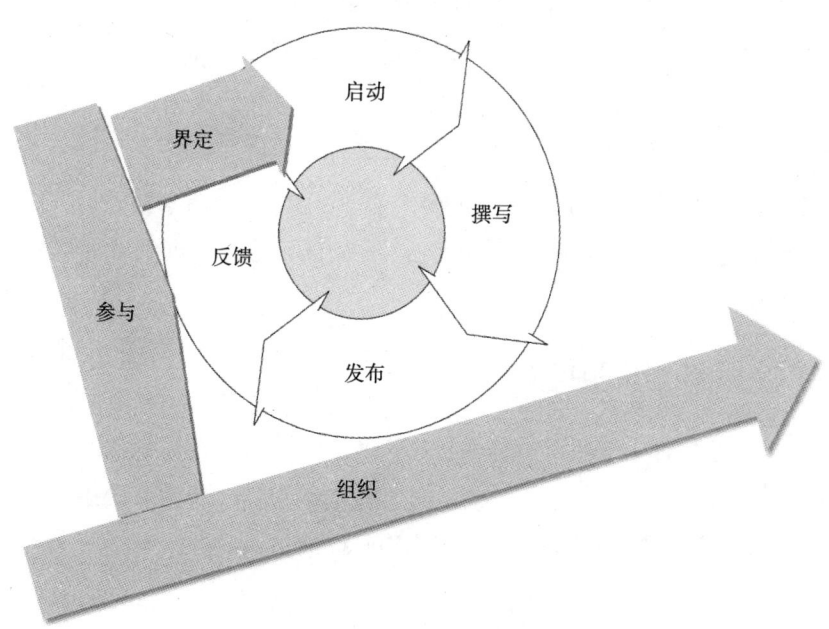

图6-1 企业社会责任报告全生命周期管理模型

（5）撰写：搜集素材并撰写报告内容；

（6）发布：确定发布形式和报告使用方式；

（7）反馈：总结报告编写过程，向利益相关方进行反馈，并向企业内部部门进行反馈。

其中，组织和参与是社会责任报告编写的保证，贯穿报告编写的全部流程。界定、启动、撰写、发布和反馈构成一个闭环的流程体系，通过持续改进报告编制流程提升报告质量和公司社会责任管理水平。

一、组织

（一）建立工作组的原则

建立科学有效的社会责任报告工作组是报告编写的保障。建立工作组遵循以下原则：

（1）关键领导参与：关键领导参与可以将社会责任报告与公司发展战略进行更好的融合，同时保障社会责任报告编写计划可以顺利执行；

（2）外部专家参与：外部专家参与可以提供独立的视角，保障报告的科学性和规范性，将外部专业性和内部专业性进行有效的结合；

（3）核心工作团队稳定：稳定的工作团队有助于工作的连续性；

（4）核心工作团队紧密联系：核心工作团队可通过定期会议等形式保持紧密联系。

（二）工作组成员组成

社会责任报告工作组成员分为核心团队和协作团队两个层次。其中，核心团队的主要工作是制订报告编写计划、进行报告编写；协作团队的主要工作是为核心团队提供报告编写素材和建议。工作组具体成员构成如图6-2所示。

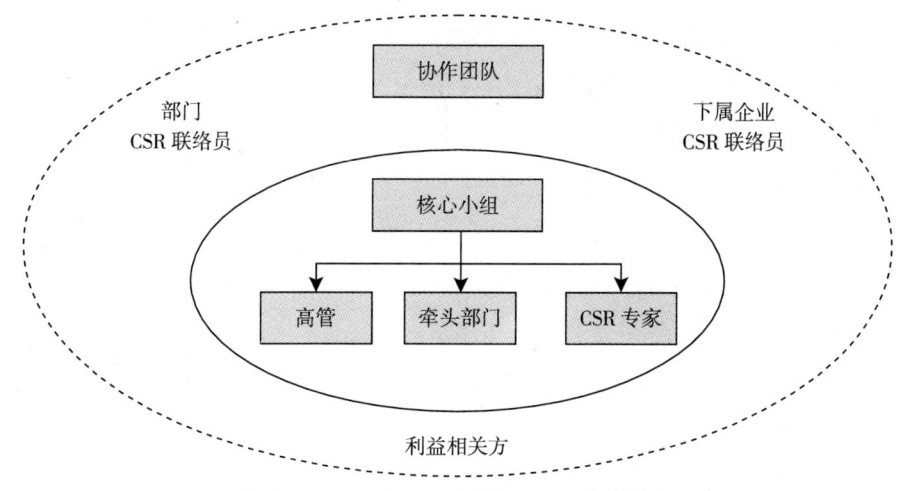

图 6-2 企业社会责任报告编写工作组构成

（三）工作组成员分工与职责

社会责任报告工作组成员构成既包括外部专家，也包括内部职能部门，既包括高层领导，也包括下属企业。在报告编写的前期、中期和后期，各成员分工和职责如图 6-3 所示。

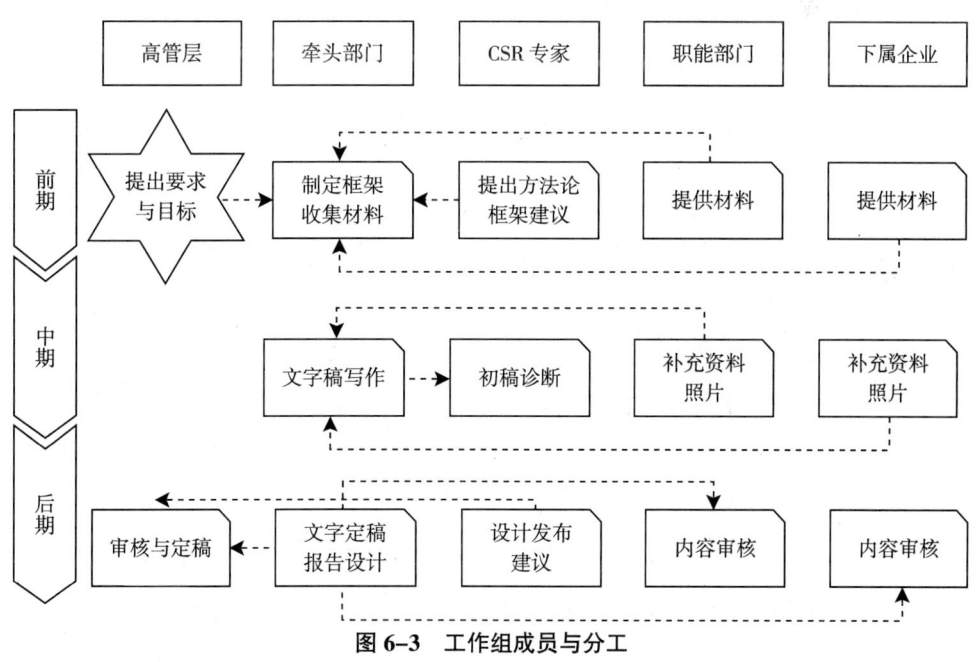

图 6-3 工作组成员与分工

案例：华润集团报告编写组织体系

华润集团在社会责任报告编写过程中建立了由集团董事办牵头组织、其他部室和战略业务单元/一级利润中心共同参与的社会责任报告组织体系。集团董事办负责社会责任报告的报送、公告、宣传及推广工作，并组织集团有关部室、战略业务单元/一级利润中心成立报告编制小组，编制版位表，组织报告起草、内容指导、统筹协调、综合统稿、总结评价等工作。

华润集团2012年社会责任报告起草小组成员构成为：

主报告：朱虹波、徐莲子、宋贵斌、周文涛、虞柏林、莫炳金、张娜、何叙之、杨坤（集团董事会办公室），章曦（战略管理部），刘辉（人力资源部），何书泉（法律事务部），王学艺（财务部）

分报告：熊浪（华润五丰），孟兰君（华润饮料），张建春（华润医药），汪红、李宗弦（华润银行），吴志鹏（华润纺织），池丽春（华润物业）

独立报告：姜艳、马少君（华润万家），姜宇（华润雪花啤酒），杜剑梅（华润电力）

主报告有关章节责编：朱虹波、徐莲子、宋贵斌、周文涛、虞柏林

分报告责编：熊浪、孟兰君、张建春、汪红、吴志鹏、池丽春

策划、组织与统稿：朱虹波

主编：朱金坤（华润集团副总经理、华润慈善基金会理事长）

二、参与

企业在编写社会责任报告的过程中应积极邀请内外部利益相关方参与。参与过程涉及以下三个方面：

（1）参与目的：明确企业邀请利益相关方参与要实现的价值，如了解期望、建立关系、借鉴其知识体系等；

（2）参与者：明确邀请哪类相关方参与以及邀请的具体人员是谁；

（3）参与范围：明确相关方的参与时间和程度。

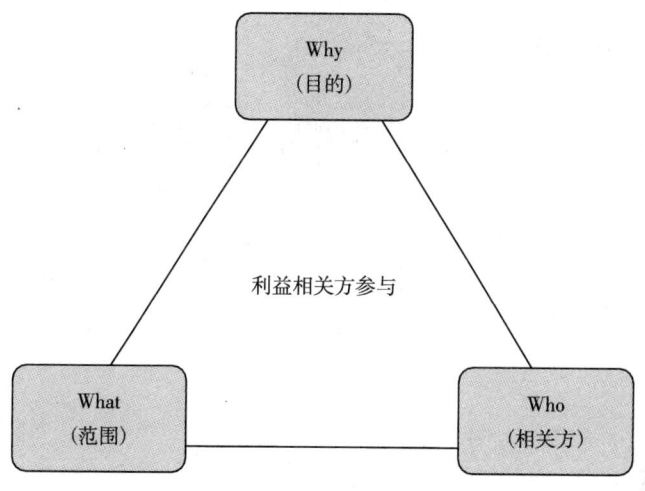

图 6-4 利益相关方参与报告编写的三要素

（一）利益相关方参与报告编写的价值

在报告编写过程积极邀请外部利益相关方参与具有以下作用：

（1）通过参与了解利益相关方期望，在社会责任报告中做出针对性回应；

（2）通过参与建立一种透明的关系，进而建立双方的信任基础；

（3）会聚利益相关方的资源优势（知识、人力和技术），解决企业在编写社会责任报告过程中遇到的问题；

（4）通过参与过程学习利益相关方的知识和技能，进而提升企业的组织和技能；

（5）通过在报告编写过程中的坦诚、透明的沟通，影响利益相关方的观点和决策。

（二）识别利益相关方

利益相关方是指受企业经营影响或可以影响企业经营的组织或个人。企业的利益相关方通常包括政府、顾客、投资者、供应商、雇员、社区、NGO、竞争者、工会、媒体、行业协会等。

由于企业利益相关方较多，企业在选择参与对象时需按照利益相关方对企业的影响力和利益相关方对企业的关注程度进行关键利益相关方识别：

（1）对企业具有"高影响高关注"、"中影响高关注"、"高影响中关注"和"中

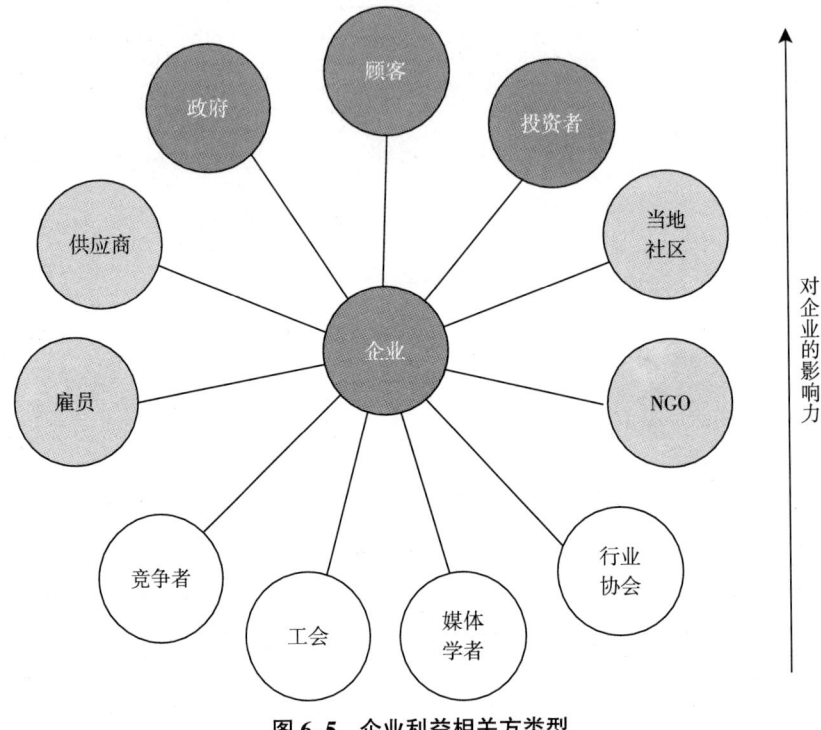

图 6–5　企业利益相关方类型

影响中关注"的利益相关方,企业在编写社会责任报告过程中应积极邀请其参与;

(2)对企业具有"高影响低关注"的利益相关方,企业在编写社会责任报告过程中应争取让其参与;

(3)对企业具有"低影响高关注"的利益相关方,企业在编写社会责任报告过程中应尽量让其参与;

(4)对其他利益相关方,企业在社会责任报告编写完成后应履行告知义务。

(三) 确定参与形式

在确定利益相关方参与人员后,应确定不同利益相关方的参与形式。按照参与程度划分,利益相关方参与社会责任报告编写主要有三种形式,即告知、咨询与合作。

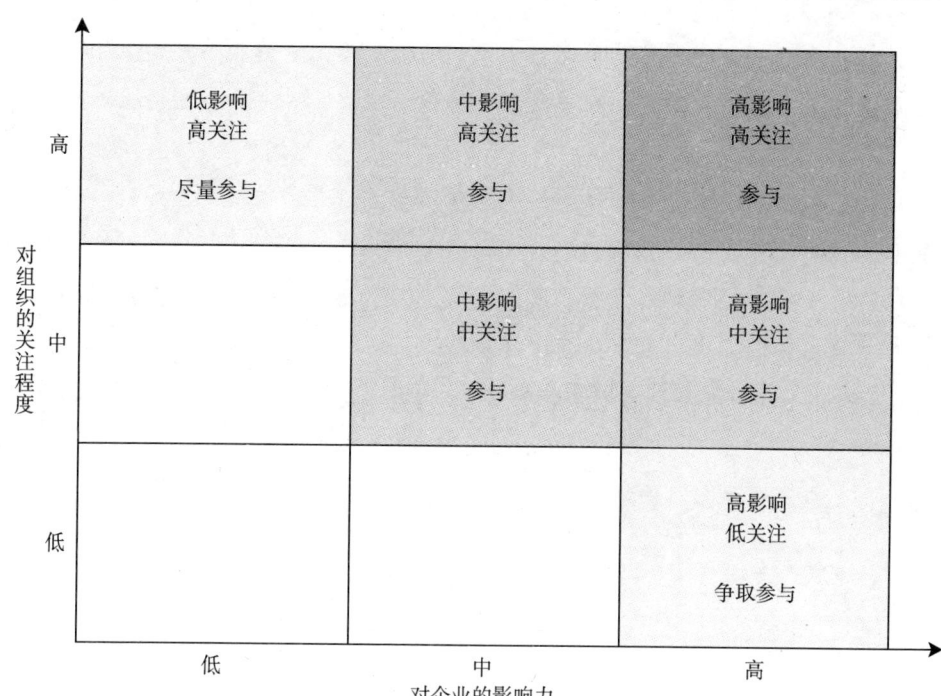

图 6-6 利益相关方筛选原则

表 6-1 利益相关方参与的形式和价值

	性质	形式	价值
告知	被动	①邮件 ②通信 ③简报 ④发布会	将报告编写过程和结果第一时间告诉利益相关方，与相关方建立透明的关系
咨询	积极	①问卷调查 ②意见征求会 ③专题小组 ④研讨会 ⑤论坛	针对性回应利益相关方的期望，倾听相关方意见，与相关方建立信任关系
合作	积极	①联合成立工作组 ②组成虚拟工作组	与利益相关方紧密合作，与相关方建立伙伴关系

案例：中国移动倾听利益相关方意见

中国移动高度重视利益相关方参与和沟通，将利益相关方关注的议题和期望作为社会责任报告的重点内容。中国移动在利益相关方参与和沟通方面的主要做法和经验有：

（1）2010年，中国移动制定《中国移动通信集团利益相关方沟通手册》，对利益相关方沟通的方式、流程和工具进行了规定，确保利益相关方参与和沟通有章可循；

（2）在报告编制前召开利益相关方座谈会，倾听利益相关方对社会责任报告的意见和建议；

（3）开设总裁信箱。总裁信箱设立两年来，近3000封来自客户、合作伙伴、员工的信件得到及时回复和妥善处理；

（4）发布《中国移动每日舆情摘要》，对社会公众关注的热点问题及时跟踪和反馈；

（5）积极举办客户接待日、媒体沟通会等利益相关方沟通活动。

三、界定

（一）明确报告组织边界

报告的组织边界是指与企业相关的哪些组织应纳入报告的披露范围。企业通常可以按照以下三个步骤确定报告的组织边界：

第一步：明确企业价值链

企业按照上游、中游和下游明确位于企业价值链的各个组织体，在明确价值链的基础上，列出与企业有关的组织体名单。一般来说，企业价值链主要构成组织体包括：

（1）上游：社区、供应商；

（2）中游：员工、股东、商业伙伴、NGO、研究机构；

（3）下游：分销商、零售商、顾客。

第二步：根据"控制力"和"影响力"二维矩阵明确报告要覆盖的组织体

列出与企业有关的组织体名单后，企业应根据"企业对该组织体的控制力"和"该组织体活动对企业的影响"两个维度将企业分为以下四类。其中，A类、

B 类和 C 类三类组织体应纳入报告覆盖范围。

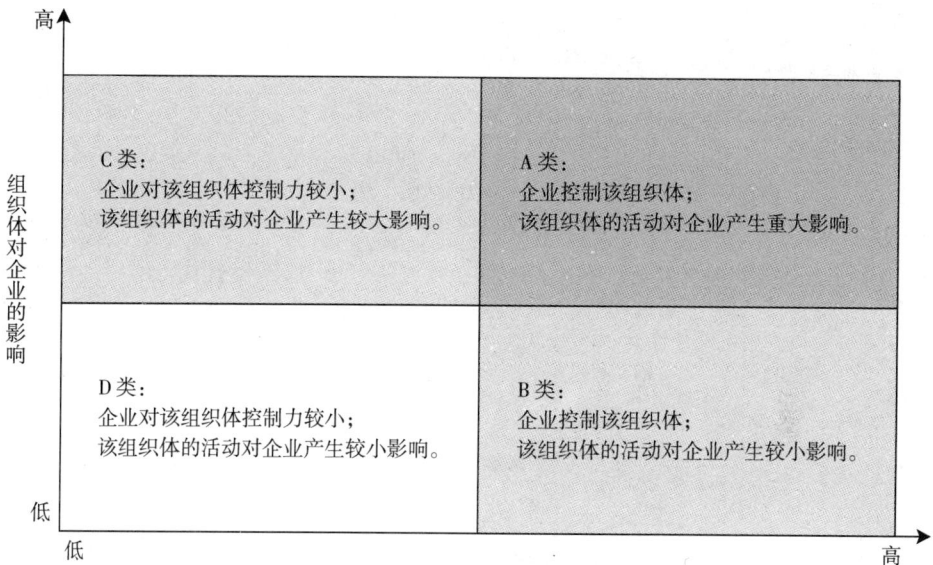

图 6-7　界定报告范围原则

第三步：确定披露深度

在明确报告覆盖范围后，应针对不同类别明确不同组织体的披露深度：

（1）对 A 类组织体：企业应披露对该组织体的战略和运营数据；

（2）对 B 类组织体：企业应披露对该组织体的战略和管理方法；

（3）对 C 类组织体：企业应披露对该组织体的政策和倡议。

第四步：制订披露计划

在确定披露深度后，企业应根据运营和管理实际对不同组织体制订相应的披露计划。

（二）界定实质性议题

实质性议题，即关键性议题，指可以对企业长期或短期运营绩效产生重大影响的决策或活动。企业可以按照以下三个步骤确定实质性议题。

第一步：议题识别

议题识别的目的是通过对各种背景信息的分析，确定与企业社会责任活动相关的议题清单。在议题识别过程中需要分析的信息类别和信息来源见表 6-2。

表 6-2 议题识别的环境扫描

信息类别	信息来源
企业战略或经营重点	①企业经营目标、战略和政策 ②企业可持续发展战略和 KPI ③企业内部风险分析 ④企业财务报告等
报告政策或标准分析	①社会责任报告相关的国际标准，如 GRI 报告指南，ISO26000 ②政府部门关于社会责任报告的政策，如国务院国资委发布的《中央企业"十二五"和谐发展战略实施纲要》 ③上交所、深交所对社会责任报告的披露邀请 ④其他组织发布的社会责任报告标准，如中国社科院企业社会责任研究中心发布的《中国企业社会责任报告编写指南》等
利益相关方分析	①利益相关方调查 ②综合性的利益相关方对话、圆桌会议等 ③专题型利益相关方对话 ④利益相关方的反馈意见等 ⑤与行业协会的沟通和交流
宏观背景分析	①国家政策 ②媒体关注点 ③公众意见调查 ④高校和研究机构出版的研究报告

第二步：议题排序

在识别出社会责任议题后，企业应根据该议题对"对企业可持续发展的影响"和"对利益相关方的重要性"两个维度对实质性议题进行排序。

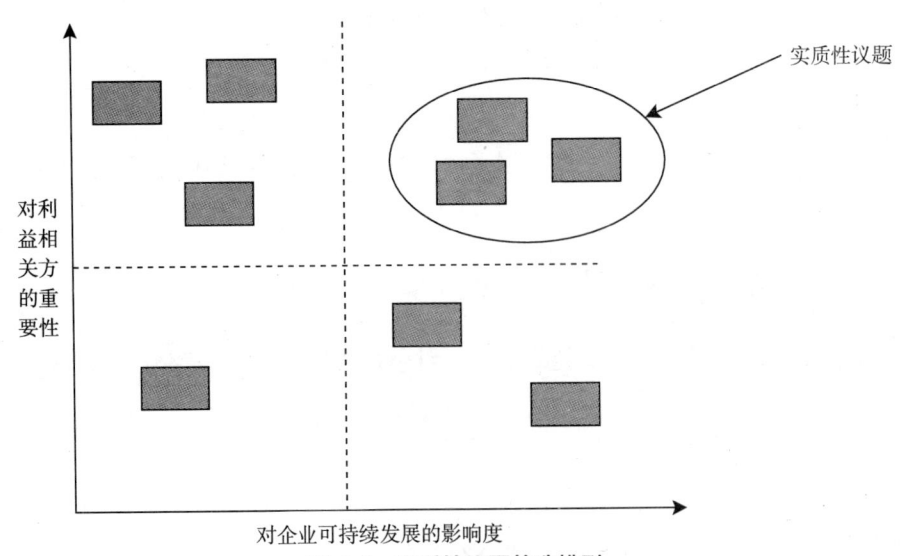

图 6-8 实质性议题筛选模型

第三步：议题审查

在明确实质性议题清单之后，企业应将确立的实质性议题征询内外部专家意见，并报高层管理者审批。

案例：斗山工程机械（中国）实质性议题选择

2012 年，斗山 Infracore（中国）运用公司独有的评价模型，通过内部评估、外部单位评价以及利益相关方调研相结合的方式，导出公司目前的社会责任工作水平和到 2013 年末能够改善的社会责任核心议题及其优先顺序。模型评价结果显示中国在技术和革新、人才培养、组织文化/人权/劳动等部分获得较好的评价，但在客户价值、环境、企业伦理等部分需要改善。

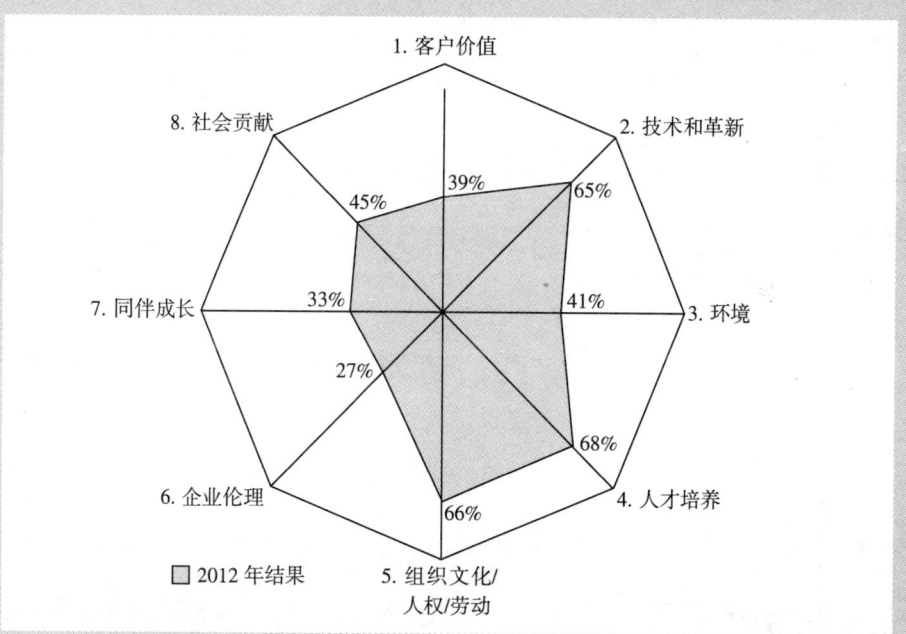

利益相关方调研则显示其共同认为客户价值、技术和革新、同伴成长、人才培养是企业经营的重要部分。通过议题筛选，斗山 Infracore 选择企业伦理、社会贡献、组织文化、环境部分的 4 个议题作为企业社会责任核心议题（韩国总部已成立专门的技术本部来促进技术和革新议题）。

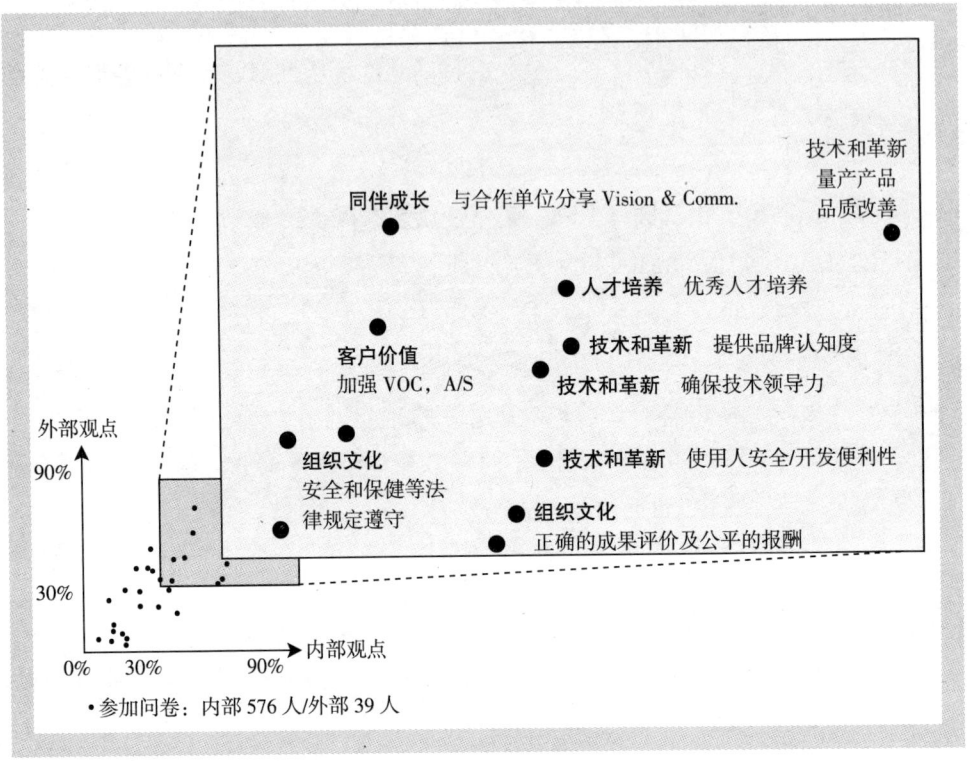

四、启动

(一) 召开社会责任报告培训会

召开社会责任报告培训会的目的是通过培训会确保公司上下对社会责任报告的重要性、编写工作流程形成统一的认识。在组织报告编写培训会时应注意考虑以下因素：

(1) 培训会对象：企业社会责任联络人；

(2) 培训会讲师：外部专家和内部专家相结合；

(3) 培训课件：社会责任发展趋势和本企业社会责任规划相结合。

(二) 对社会责任报告编写任务进行分工

在培训启动会上，社会责任报告编写牵头组织部门应对报告编写任务进行分工，明确报告参与人员的工作要求和完成时间。

案例：中国黄金集团社会责任报告编写培训会

2012年10月25日，中国黄金集团在北京举办社会责任培训班，集团下属50家主要生产企业社会责任专职工作人员参加了培训。培训期间邀请国资委研究局、中国社科院社会责任研究中心的领导和专家就国内外社会责任发展情况、社会责任理论等方面进行了讲解，集团公司社会责任主管部门负责人介绍了集团公司的社会责任工作情况，并对集团下一步社会责任工作提出了要求，确定了奋斗目标。培训收到了预期的效果，为集团全面推进社会责任工作奠定了坚实基础。

五、撰写

充足、有针对性的素材是报告质量的保证。企业在收集报告编写素材时可采用但不限于以下方法：

（1）下发部门资料收集清单；
（2）对高层管理者、利益相关方进行访谈；
（3）对下属企业进行调研；
（4）对企业存量资料进行案头分析。

资料清单模板：××公司社会责任报告数据、资料需求清单

填报单位：人力资源部　　　　填报人：　　　　审核人：

1. 数据指标。

编号	指标	单位	2008年	2009年	2010年	备注
1	员工总数	人				
2	劳动合同签订	%				
……	……					

2. 文字材料。

（1）公平雇用的理念、制度及措施。

（2）员工培训管理体系。

（3）……

3. 图片及视频资料。

（1）员工培训的图片。

（2）文体活动图片。

（3）……

4. 贵部门认为能够体现我公司社会责任工作的其他材料、数据及图片。

案例：北汽集团社会责任信息收集与调研

2013年，北汽集团启动首份社会责任报告编写工作。为确保资料收集质量，北汽集团采取下发"资料清单"和下属企业走访调研相结合的方式。在2013年4~5月，项目共调研了北京现代、北京奔驰、湖南株洲公司、重庆北汽银翔等11家下属企业，收集了丰富的材料。

下属企业走访调研的方式可以收集到更多一手的材料，同时在调研过程中可以对企业在社会责任方面的疑问进行解答，是一种比较高质量的资料收集方式。

六、发布

（一）确定报告格式

随着技术发展和公众阅读习惯的改变，企业社会责任报告的格式日趋多样性。目前，企业社会责任报告的格式主要有：

（1）可下载的 PDF 格式；

（2）互动性网上版本；

（3）印刷品出版物；

（4）印刷简本；

（5）网页版；

（6）视频版；

（7）APP 版本。

不同的报告格式具有不同的优缺点和针对性，企业应根据以下因素建立最佳报告形式组合策略：

（1）利益相关方的群体性；

（2）不同利益相关方群体的关注领域；

（3）不同利益相关方群体的阅读习惯；

（4）人们阅读和沟通的发展趋势和技术发展趋势。

（二）确定报告读者对象

社会责任报告的目标读者通常包括政府、投资机构、客户、员工、供应商、媒体、非政府组织、行业协会和一般公众。企业应根据自身情况确定目标读者对象。

（三）确定发布形式

不同的发布形式具有不同的传播效果。通常，社会责任报告的发布形式主要有专项发布会、嵌入式发布会、组合式发布会、网上发布、直接递送和邮件推送等。

表 6-3 报告发布会类型

类 型	含 义
专项发布会	为社会责任报告举办专项发布会
嵌入式发布会	在其他活动中嵌入社会责任报告发布环节
网上发布	将社会责任报告放在网上并发布公司新闻稿
直接递送	将社会责任报告印刷版直接递送给利益相关方
邮件推送	将公司社会责任报告电子版或网站链接通过邮件推送给利益相关方

案例：中国三星报告发布会

2013年3月18日，中国三星发布首份"中国三星社会责任报告书"。报告书在人才第一、顾客满足、诚信守法、追求共赢、绿色经营等方面展示了中国三星企业社会责任优秀的事例，在倾听中国社会声音的同时，承诺率先变为"开放的中国三星"。在发布会上，中国三星宣布2013年为中国三星企业社会责任（Corporate Social Responsibility，CSR）经营元年，旨在通过更高层次的CSR活动，与中国人民以及中国社会一起建设"美丽中国"。同时，为了实现"共享企业社会责任资源和力量"，中国三星与社会科学院企业社会责任研究中心签订了战略合作协议，成立"中国企业社会责任研究基地"。这是中国首家外资企业成立的社会责任研究基地，通过向中小企业开展"企业社会责任公益培训"，让更多的企业投身到履行社会责任的行列中。

七、反馈

在社会责任报告发布后，企业应总结本次报告编写过程并向外部利益相关方和内部相关部门进行反馈。反馈的主要形式包括但不限于会议、邮件、通信等。反馈的内容主要是本次报告对内外部利益相关方期望的回应和未来行动计划。

第七章 报告质量标准

一、过程性

(一) 定义

过程性即社会责任报告全生命周期管理,是指企业在社会责任报告编写和使用的全过程中对报告进行全方位的价值管理,充分发挥报告在利益相关方沟通、公司社会责任绩效监控的作用,将报告作为提升公司社会责任管理水平的有效工具。

(二) 解读

过程性涉及社会责任报告全生命周期管理中的组织、参与、界定、培训、编写、发布和反馈七个过程要素。其中,组织和参与是社会责任报告编写的保证,贯穿报告编写的全部流程。界定、培训、编写、发布和反馈构成一个闭环的流程体系,通过持续改进报告编制流程提升报告质量和公司社会责任管理水平。

(三) 评估方式

编制报告过程中是否执行了报告管理全过程的规定性动作。

二、实质性

（一）定义

实质性是指报告披露企业可持续发展的关键议题以及企业运营对利益相关方的重大影响。利益相关方和企业管理者可根据实质性信息做出充分判断和决策，并采取可以影响企业绩效的行动。

（二）解读

企业社会责任议题的重要性和关键性受到企业经营特征的影响。具体来说，企业社会责任报告披露内容的实质性由企业所属行业、经营环境和企业的关键利益相关方等决定。

（三）评估方式

（1）内部视角：报告议题与企业经营战略的契合度；
（2）外部视角：报告议题是否回应了利益相关方的关注点。

> **案例：中国民生银行聚焦实质性议题**
> 《中国民生银行2012年社会责任报告》在编写过程中注重实质性议题的披露，报告主体部分分为"完善责任治理，加强责任沟通"、"推进流程改革，打造最佳银行"、"聚焦小微金融，开创发展蓝海"、"服务实体经济，致力金融普惠"、"建设民生家园，关爱员工成长"、"共建生态文明，助力美丽中国"、"投身慈善公益，倾力回报社会"七大领域，较好地反映了民生银行的本质责任和特色实践。

三、完整性

（一）定义

完整性是指社会责任报告所涉及的内容较全面地反映企业对经济、社会和环境的重大影响，利益相关方可以根据社会责任报告知晓企业在报告期间履行社会责任的理念、制度、措施以及绩效。

（二）解读

完整性从两个方面对企业社会责任报告的内容进行考察：①责任领域的完整性，即是否涵盖了经济责任、社会责任和环境责任；②披露方式的完整性，即是否包含了履行社会责任的理念、制度、措施及绩效。

（三）评估方式

（1）标准分析：是否满足了《中国企业社会责任报告指南（CASS-CSR 3.0）》等标准的披露要求；

（2）内部运营重点：是否与企业战略和内部运营重点领域相吻合；

（3）外部相关方关注点：是否回应了利益相关方的期望。

案例：南方电网公司披露了指南 86.01% 的核心指标

《中国南方电网公司社会责任报告 2012》共 82 页，报告从"责任管理"、"电力供应"、"绿色环保"、"经济绩效"及"社会和谐"等方面，系统披露了《中国企业社会责任报告编写指南》电力供应业核心指标的 86.01%，具有很好的完整性。

四、平衡性

（一）定义

平衡性是指企业社会责任报告应中肯、客观地披露企业在报告期内的正面信息和负面信息，以确保利益相关方可以对企业的整体业绩进行正确的评价。

（二）解读

平衡性要求是为了避免企业在编写报告的过程中对企业的经济、社会、环境消极影响或损害的故意性遗漏，影响利益相关方对企业社会责任实践与绩效判断。

（三）评估方式

考查企业在社会责任报告中是否披露了实质性的负面信息。如果企业社会报告未披露任何负面信息，或者社会已知晓的重大负面信息在社会责任报告中未进行披露和回应，则违背了平衡性原则。

案例：中国石化股份重视负面信息披露

2012年7月23日，承运商在由广州南沙前往汕头途中，受台风影响有6个装载中石化公司生产的聚丙烯产品的集装箱落入香港海域，箱内白色聚丙烯颗粒散落海面，部分颗粒漂至香港愉景湾、南丫岛深湾等附近海滩，引起广泛关注。在《中国石化2012年可持续发展进展报告》中，用专题形式对本次事件背景、公司应对和相关方反馈进行了详细披露。

五、可比性

（一）定义

可比性是指报告对信息的披露应有助于利益相关方对企业的责任表现进行分析和比较。

（二）解读

可比性体现在两个方面：纵向可比与横向可比，即企业在披露相关责任议题的绩效水平时既要披露企业历史绩效，又要披露同行绩效。

（三）评估方式

考查企业是否披露了连续数年的历史数据和行业数据。

> **案例：华电集团社会责任报告披露了 61 个可比指标**
> 《中国华电集团公司社会责任报告2012》披露了 61 个关键绩效指标连续 3 年的历史数据，同时披露了多项公司与同行业在环境绩效、责任管理等方面的横向比较数据，具有较强的可比性。

六、可读性

（一）定义

可读性指报告的信息披露方式易于读者理解和接受。

（二）解读

企业社会责任报告的可读性体现在以下方面：
(1) 结构清晰，条理清楚；
(2) 语言流畅、简洁、通俗易懂；
(3) 通过流程图、数据表、图片等使表达形式更加直观；
(4) 对术语、缩略词等专业词汇做出解释；
(5) 方便阅读的排版设计。

（三）评估方式

从报告篇章结构、排版设计、语言、图表等各个方面对报告的通俗易懂性进行评价。

> **案例：中国兵器工业集团报告可读性优秀**
>
> 《中国兵器工业集团社会责任报告2012》框架清晰，篇幅适宜；语言简洁流畅，结合大量案例，配图精美，表达方式丰富多样，并对专业词汇进行了解释，可读性表现优秀。

七、创新性

（一）定义

创新性是指企业社会责任报告在内容或形式上具有重大创新。

（二）解读

社会责任报告的创新性主要体现在两个方面：报告内容的创新和报告形式的创新。创新不是目的，通过创新提高报告质量是根本。

(三) 评估方式

将报告内容、形式上与国内外社会责任报告以及企业往期社会责任报告进行对比,判断其有无创新,以及创新是否提高了报告质量。

> **案例:华润集团社会责任报告注重创新性**
>
> 《华润(集团)有限公司2012年社会责任报告》通过连环画的形式介绍"走进华润世界",形式新颖,易于利益相关方理解;通过"品牌树"的方式介绍了公司丰富的产品品牌,易于利益相关方全面了解华润的业务和产品;在形式上,通过"集团报告"和"重点企业报告"两种方式呈现,具有很好的创新性。

案例篇

第八章 责任始于实践，汇于报告
——中国黄金集团 CSR 报告管理

一、中国黄金集团简介

中国黄金集团公司（以下简称"中国黄金"）是国务院国资委管理的黄金行业唯一一家中央企业，是中国黄金协会会长单位，是世界黄金协会在中国的唯一会员单位，主要从事金、银、铜、钼等有色金属以及铁的勘察设计、资源开发、产品生产和贸易以及工程总承包等业务，是集地质勘探、矿山开采、选矿冶炼、产品精炼、加工销售、科研开发和工程设计与建设于一体的综合性大型矿业公司。

中国黄金总部位于北京，下设中金黄金、中金国际、中金珠宝、中金建设、中金资源、中金辐照、中金贸易七大板块；拥有二级子公司 57 家，分布于国内 26 个省区以及部分海外地区，其中上市公司 2 家（境内 A 股上市公司"中金黄金"以及加拿大多伦多交易所和中国香港联合交易所两地上市的"中金国际"）；遍布全国 1700 多家"中国黄金"品牌营销网点；在我国重要成矿区带，规划了 20 个黄金生产基地和 3 个有色生产基地。截至目前，公司员工总数近 50000 人。

中国黄金拥有我国黄金行业唯一的国家级黄金研究院、黄金设计院，并成立有国家认定的企业技术中心，拥有我国黄金行业仅有的两个高新技术产业示范基地，在黄金矿的开发利用上拥有达到世界先进水平的独立的自主知识产权。其具有完全独立自主知识产权的生物氧化提金技术和原矿焙烧技术，以及国内独创的具有自主知识产权的"99.999 极品黄金"精炼技术代表了我国同行业最高水平，并达到世界领先水平。

目前，中国黄金的黄金资源储量、矿产金产量、冶炼金产量、黄金投资产品市场占有率、黄金选冶技术水平五项指标均居国内行业第一。其中，黄金资源储量1758吨，铜1097万吨，钼207万吨，总资产653亿元，销售收入1007亿元，利润总额45亿元。与2006年相比，中国黄金的资产总额、营业收入、利润总额分别增长了6倍、9倍和8倍。在2010年、2011年国资委对中央企业业绩考核中连续两年被评为A级企业，企业综合信用等级为AAA级，是黄金行业首家获得国内最高信用等级的企业。

表8-1 创造第一

黄金资源量、矿产金产量、精炼金产量、黄金选冶技术水平、黄金投资产品市场占有率国内第一
国务院批准的国内唯一一家能在国际范围内进行借金还金的试点企业
国务院国资委管理的唯一一家黄金企业
国内首家具有AAA信用等级的黄金企业
国内第一家上市的黄金企业——中金黄金股份有限公司（中金黄金），被誉为"中国黄金第一股"
国内第一家在加拿大多伦多和中国香港两地上市的央企控股红筹矿业公司——中国黄金国际资源有限公司（中金国际）

表8-2 黄金之最

中国海拔最高（4000~5400米）的大型矿山	西藏甲玛铜金多金属矿
中国连续开采历史最长（近200年），开采最深（地下1500米）的生产矿山	吉林夹皮沟金矿
中国最寒冷、零下50摄氏度连续施工的大型矿山	内蒙古乌努格吐山铜钼矿
中国最荒凉的黄金矿山	新疆金滩金矿
中国北方矿石品位最低、科技含量最高的大型露天黄金矿山	内蒙古长山壕金矿
中国最先进的难处理金矿选冶技术	生物氧化提金技术、原矿沸腾焙烧技术、两段焙烧脱砷收砷技术
中国最先进的黄金精炼技术	"99.999"高纯金精炼技术
中国最大的辐照加工企业	中金辐照股份有限公司

二、履责历程

表8-3 履责历程

1979年	中国黄金总公司（中国黄金集团公司前身）正式成立
2003年	中国黄金集团公司组建成立
	中金黄金股份有限公司在上海证券交易所挂牌上市，是国内第一家上市的黄金企业，被誉为"中国黄金第一股"

续表

年份	内容
2010年	在国资委中央企业业绩考核中被评为 A 级企业
	中国黄金集团公司获 AAA 信用等级，成为国内首家具备这一信用等级的黄金企业
	制定 2011~2015 第一个社会责任五年规划，并将其纳入中国黄金"十二五"战略发展规划
	正式下发《中国黄金集团社会责任工作管理制度》和《关于做好社会责任工作的通知》
2011年	《中国黄金集团公司 2010 年社会责任报告》发布，这是中国黄金集团公司首次发布社会责任报告，也是我国黄金行业向公众发布的首份企业社会责任报告
	集团公司总经理、党委书记孙兆学荣获"2011CCTV 中国经济年度人物"奖，成为迄今为止有色金属行业获此殊荣的两位佼佼者之一
	中国黄金国际资源有限公司发布首份社会责任报告
	集团公司加入联合国全球契约
	陕西太白公司尾矿库复垦工程在国资委优秀社会责任评选活动中获得优秀奖
2012年	集团公司案例"西藏华泰龙公司带动藏区和谐发展"入选《2012 全球契约中国网络年鉴》
	在中国社会科学院发布《2012 年企业社会责任蓝皮书》中，集团公司社会责任指数位列全国第十二位，国有企业前十位
	《中国黄金集团公司 2011 年社会责任报告》被中国企业社会责任报告评级小组评价为四星半，是一份领先的社会责任报告
2013年	在中国社会科学院发布《2013 年企业社会责任蓝皮书》中，集团公司社会责任指数位列全国第十位
	建设"六大系统"构建本质安全矿山入选中央企业社会责任优秀实践
	《中国黄金集团公司 2012 年社会责任报告》被中国企业社会责任报告评级小组评价为四星半，在《中国企业社会责任报告白皮书》一般采矿业中位居第二
	"发展循环经济，创造生态价值——创新中水应用纪实"被评为 2013 全球契约中国网络最佳实践，入编《全球契约中国网络年鉴》

三、责任报告

（一）报告概览

企业社会责任报告是企业就社会责任信息与利益相关方进行沟通的主要平台。中国黄金很早就开始撰写社会责任工作报告内部版，但由于缺乏对社会责任的正确理解，报告还停留在每年的内部总结上。自 2011 年开始，中国黄金在充分调研学习的基础上，系统开展社会责任工作，建立了社会责任报告发布机制，成功组织编写了并对外发布了中国黄金集团公司第一份社会责任报告——《中国黄金集团公司 2010 年社会责任报告》，并确定了该报告为年度报告，每年都进行编制、发布,积极向社会发布履行社会责任工作情况。

表 8-4 向社会发布履行社会责任工作情况

年 份	报告页数	报告语言	报告版本	参考标准
2012	91	中文	印刷版/电子版	中国社科院 CASS-CSR2.0 联合国全球契约十项原则 GRI 可持续发展报告指南
2011	73	中文	印刷版/电子版	《关于中央企业履行社会责任的指导意见》和中国社科院 CASS-CSR 2.0
2010	79	中文	印刷版/电子版	《关于中央企业履行社会责任的指导意见》和中国社科院 CASS-CSR 2.0

(二) 报告投入

中国黄金社会责任报告编制方式采取以内为主,同时邀请外部社会责任专家为报告编写提供建议。每年报告编写投入资源如表 8-5 所示:

表 8-5 编写报告投入资源

年 份	投入人员	投入时间	搜集素材
2012	2	7 个月	70 万字,5000 多张照片
2011	3	7 个月	60 万字,3300 多张照片
2010	3	8 个月	40 万字,2100 多张照片

四、报告管理

(一) 组织

良好的组织体系是报告质量的保障。中国黄金自 2010 年开始建立了三层次社会责任组织体系,并建立社会责任管理制度,培训并形成社会责任队伍。

1. 社会责任组织体系

中国黄金在总部建立了社会责任工作委员会,由集团总经理担任委员会主任,由分管副总经理担任副主任,公司总部各部门经理、重点子公司负责人任委员。委员会办公室设在集团总部运营管理部,负责横向协调公司各职能部门,纵向对各级子公司开展企业社会责任相关工作进行指导；各部门设立社会责任联系人，协调本部门社会责任管理相关工作的开展。在下属企业相应成立社会责任工作领导小组，由企业一把手担任组长，并明确一名班子成员担任副组长，分管社会责任工作；领导小组下设办公室，办公室原则上与集团公司对应，设在企业管理部，负责社会责任工作的组织开展。

中国黄金建立的社会责任组织体系既是集团公司社会责任工作的保障，也是集团公司社会责任报告编写的保障。社会责任工作委员会是集团公司社会责任报告的最高负责机构，对集团公司社会责任报告编写工作指明方向和重点，并负责对年度社会责任报告进行审议；社会责任办公室是集团公司社会责任报告的责任部门，负责报告中社会责任议题确定、报告框架确定、报告编写与修改、报告设计与印刷、报告发布等工作；社会责任联络专员是集团公司社会责任报告的支撑人员，负责公司社会责任工作要求的上传下达，同时负责收集、整理本部门相关材料，对材料的真实性、准确性负责，并协助办公室完成报告审核工作。

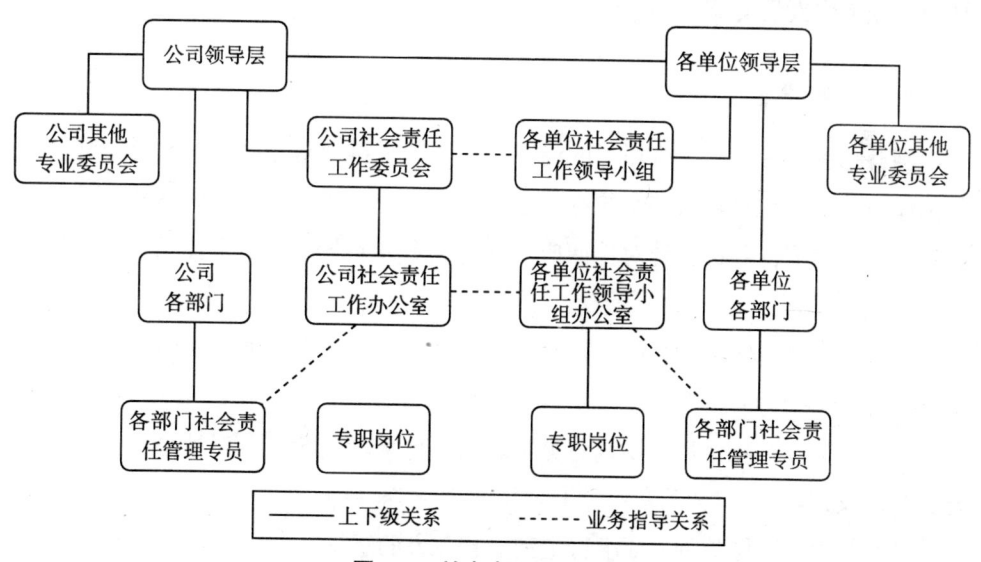

图 8-1　社会责任组织体系

2. 社会责任制度

2010 年，《中国黄金集团社会责任工作管理制度》正式下发全集团，初步确立了企业社会责任管理的体系、制度与流程，建立了企业社会责任管理与实践的长效机制；下发《关于做好社会责任工作的通知》，全面阐述了履行社会责任工作的重要意义、社会责任工作机构设置及工作思路、社会责任工作具体要求等，有力地推动了权属公司社会责任工作的普遍开展。2013年初，中国黄金下发了《中国黄金集团公司社会责任工作指导意见》，进一步细化了对社会责任工作的要求。

在中国黄金发布的社会责任专项制度中，对社会责任报告编写的组织体系、责任部门、编写流程、统计方式、报告质量保障等方面均提出了详细的要求，这是报告编写组织体系可以顺利运行、报告质量稳步提升的基础。

3. 社会责任工作队伍

社会责任工作人员的素质提升是社会责任报告质量的重要保障。为了持续提升社会责任工作能力，推进社会责任管理，中国黄金十分重视队伍建设，以提高社会责任工作人员能力素质为切入点，不断加强学习、沟通和交流。持续加强员工安全培训、法律和人权培训、环境管理培训等，为公司专项社会责任管理工作奠定了坚实基础。先后在集团内部开展了社会责任专题培训班，积极组织参加国资委、社科院、全球契约等机构举办的培训和交流活动，并在集团内部组织多次社会责任工作人员交流活动。

（二）参与

利益相关方参与是报告质量的保证。中国黄金将利益相关方参与贯穿社会责任工作与社会责任报告编写全流程。通过利益相关方的参与，明确利益相关方对中国黄金的期望，并进行针对性回应。利益相关方参与中国黄金集团社会责任工作的形式主要有：

（1）组织利益相关方会议，要求相关方走进中国黄金，通过研讨会的形式了解相关方的期望；

（2）组织召开社会责任初稿意见征求会，征求利益相关方对社会责任报告的意见与建议；

（3）定向访问与调研，征求特定利益相关方的意见；

（4）参加外部社会责任交流会，了解社会责任最新趋势。

表 8-6 利益相关方参与

	利益相关方描述	对集团的期望	沟通方式	主要指标
政府	中国政府和业务所在地政府	积极落实国家宏观调控,按照国家产业振兴规划推进行业整合,加强安全生产监管,保护环境	制定法律法规、政策文件,参加会议,专题汇报,上报统计报表和拜访	纳税总额,员工人数
国资委	代表国家行使出资人职责	实现国有资产保值增值,完善公司治理结构,聚焦主业,提升企业的竞争力,积极执行国家节能减排政策,实现绿色运营	制定规章制度,提出工作目标,制定考核标准,工作汇报,上报统计报表	主营业务收入,利润总额,净资产收益率,国有资产保值增值率
员工	公司组织机构中的全部成员	保护员工权益,提供稳定的就业机会与公平合理的薪酬保障,完善员工职业发展的渠道,提供安全健康的工作环境	成立各级工会组织,定期召开职工代表大会,建立畅通的内部沟通渠道	劳动合同签订率,社保参与率,员工流失率,员工培训投入,职工代表大会议案数
客户	购买集团产品或服务的用户	信守承诺,提供质优价廉的产品和服务质量,实现平等互利合作	与客户密切沟通,严格履行合同,提供丰富的产品服务信息	客户信用评级,客户满意度
业务合作伙伴	供应商、承包商、金融机构、科研机构、咨询机构等	遵守商业道德和法律法规,建立长期合作关系,实现互利共赢	战略合作谈判,高层会晤,招投标,日常业务交流,定期走访	协议执行情况
投资者与债权人	公司及下属企业股票和债券的持有人	持续提高公司价值,降低风险,持续经营,按期还本付息,支付股利	准确及时的信息披露,定期走访,年度报告,股东大会	集团信用评级,少数股东权益
社区与公众	企业业务及运营所在地	促进社区经济可持续发展的能力,支持社会公益事业,保护社区环境,实现共同发展	签订共建协议,参与社区项目建设,定期沟通,开展联欢活动	社区建设投入,社区公益捐赠总额
非政府组织	国际组织、行业协会和地方团体等	支持社会团体组织,履行组织章程,加强运营信息披露,支持环保等公益事业	积极参加有关会议,持续改进,主动建言献策	参加的协会、行业组织的机构数,社会公益投入

(三)界定

1. 议题确定流程

社会议题的确定必须建立在充分了解利益相关方需求的基础上,中国黄金通过收集、分析各利益相关方对公司的需求和期望,明确与各利益相关方的沟通方式,确定指标,最终形成中国黄金社会核心责任议题。

第一步:确定社会责任目标,即借鉴 CSR 标准和最佳责任实践确立社会责任目标;

第二步:了解利益相关方的期望,即积极与利益相关方进行沟通了解对方关切的重大议题；

第三步：进行重大议题筛选，即根据利益相关方的关切程度与相关议题对公司发展的影响来筛选并排序；

第四步：制订工作计划并付诸实践，即拟定行动规划，确定参与的范围，提供行动资源；

第五步：利益相关方的反馈，即通过内部交流与外部沟通评估规划的实施效果；

第六步：总结与改进，即总结经验，持续改进。

2. 社会责任核心议题

围绕集团公司社会责任理念，中国黄金分析确定了利益相关方，充分了解利益相关方需求，确定了社会责任核心议题。

表8-7 社会责任核心议题

价值黄金	(1) 中国黄金以国家利益为先决，增加国家黄金资源储备，带头铸牢国家金融"防波堤" (2) 中国黄金以科技领先为依托，高效开发、综合利用黄金资源 (3) 中国黄金践行藏金于民，满足社会大众对黄金及其饰品的需求 (4) 中国黄金注重提高管理水平，确保实现国有资产的保值增值
环保节能	(1) 中国黄金承诺绝不在任何地方以牺牲生态环境为代价从事黄金生产 (2) 中国黄金致力于创建资源节约、环境友好型社会 (3) 中国黄金积极实现矿产资源开发与地区环境保护协调发展，打造绿色矿山 (4) 中国黄金在高效开发利用矿产资源的同时，力求消耗自然资源最少、对环境的影响最低
安全健康	(1) 中国黄金致力于创建安全健康的生产经营环境 (2) 中国黄金加强体系和制度建设，将安全健康理念贯穿于生产经营的每一个环节 (3) 中国黄金强化职业健康，建立健全安全健康长效机制
和谐共赢	(1) 中国黄金主动加强与利益相关方的沟通交流，致力于创建和谐社会 (2) 中国黄金积极履行对利益相关方的责任，努力实现互利共赢 (3) 中国黄金将促进社区发展作为公司的重要责任和义务，努力实现企业、地方、个人三方和谐发展

3. 社会责任模型

中国黄金通过守法合规、道德经营、风险防范、责任管理，实现价值黄金、环保节能、安全健康、和谐共赢四大社会责任核心议题的实现，形成了中国黄金社会责任模型。

图 8-2 社会责任模型

(四) 启动

集团公司社会责任委员会办公室及各部门工作人员参加国资委、社科院及其他机构举办的培训班，在进一步掌握国内外社会责任最新动态、知识的同时，把握社会责任报告的最新标准、要求，以便更好地把握社会责任工作。同时，中国黄金每年在集团范围内举办培训班。一方面聘请专家从理论方面对社会责任进行讲解，另一方面就集团公司往年社会责任报告编写过程中存在的问题，如何改进，以及集团公司下一年社会责任报告编写的安排等进行详细讲解，明确工作要求。

2011年10月22日，集团公司在河南省洛阳市嵩县举办社会责任培训班，邀请国资委、社科院有关领导和专家，就社会责任基本理论、理念进行了讲解，总部各有关部门和近50家权属企业社会责任工作负责人参加了培训。

2012年10月25日，中国黄金在北京举办社会责任培训班，集团下属50家主要生产企业社会责任专职工作人员参加了培训，培训期间邀请国资委研究局、中国社科院社会责任研究中心的领导和专家就国内外社会责任发展情况、社会责任理论等方面进行了讲解。集团公司社会责任主管部门负责人介绍了集团公司的社会责任工作情况,并对集团下一步社会责任工作提出了要求,确定了奋斗目标。培训收到了预期的效果,为集团全面推进社会责任工作奠定了坚实基础。本次培训会的培训课程主要有:

(1) 中央企业社会责任最新进展;

(2) 企业社会责任概论;

(3) 企业社会责任报告理论与实务;

(4) 企业社会责任报告视觉形象;

(5) 集团社会责任战略规划及工作要求。

(五) 编写

1. 收集报告素材

中国黄金在收集报告素材的过程中坚持"三个结合"。

(1) 平时收集与年终总结相结合。平时收集就是要求各企业社会责任工作人员需要及时掌握公司社会责任实践动态,把握第一手资料,记录台账,并及时上报集团公司社会责任工作部门。年终总结就是每年年终还需将收集的资料进行汇总整理后,由集团公司统一进行审核。

(2) 集团总部各部门横向收集和自上而下按企业收集相结合。中国黄金根据部门职责划分,将社会责任报告指标体系进行分解,各部门根据指标分解任务,搜集整理职责范围内的相关材料,并对具体案例选择提出建议。社会责任工作委员会办公室汇总各部门意见,到各企业进行调研、审核、收集各企业提供社会责任报告材料。

(3) 数据资料和实践案例相结合。对能量化的材料,要求各部门、各企业尽可能进行量化统计,不能进行量化统计的,按要求提供实践案例,社会责任工作委员会办公室汇总相关材料后,根据集团实际及报告编制要求,统一协调。社会责任工作委员会办公室对收集的材料进行统一汇总,整理完成后,根据确定好的报告编写框架,编写社会责任报告,并根据材料整理情况对报告结构进行优化调整,形成初稿。

2. 形成报告基本框架

根据集团公司确定的四个社会责任议题,结合集团公司年度战略规划及发展的实际要求,对核心议题进行细化,明确集团公司年度社会责任议题,根据议题确实形成报告的基本框架。

表8-8 2012年社会责任报告框架

结构	一级标题	二级标题
报告前言	总经理致辞	
	关于我们	(1) 公司简介 (2) 公司领导 (3) 公司治理 (4) 组织结构 (5) 综合优势 (6) 多项第一 (7) 黄金之最 (8) 主要子公司介绍 (9) 主要业务及产品
	责任管理	(1) 社会责任模型 (2) 责任治理 (3) 责任沟通 (4) 利益相关方 (5) 责任推进 (6) 责任荣誉 (7) 社会责任工作绩效对比表
报告主体	价值黄金	(1) 经济绩效 (2) 合规经营 (3) 品牌建设 (4) 科技创新
	环保节能	(1) 环境保护 (2) 节能减排 (3) 清洁生产 (4) 绿化美化
	安全健康	(1) 安全生产 (2) 职业健康 (3) 六大系统 (4) 安全健康绩效
	和谐共赢	(1) 员工关爱 (2) 合作共赢 (3) 黄金为民 (4) 慈善公益
报告后记	附录	(1) 关键绩效表 (2) 展望 (3) 指标索引 (4) 全球契约十项原则索引 (5) 评级报告 (6) 报告意见反馈表 (7) 报告说明

3. 确定报告指标体系

结合确定的社会责任议题，中国黄金根据矿业行业特点，参考中国社科院社会责任报告编写指南 2.0 中一般采矿业企业指标体系，GRI G3 以及 ISO26000，结合建立了包含 223 个指标的社会责任指标体系。该指标体系是衡量权属企业工作实施进展的指标全集。通过对指标的归口管理、定期采集、分析和反馈，可以及时了解企业在履行社会责任工作方面的具体表现。

表 8-9　2012 年社会责任报告披露的关键绩效指标

	指标	
市场	总资产	(万元)
	销售收入	(万元)
	净利润	(万元)
	资产负债率	(%)
	产品合格率	(%)
	研发投入	(万元)
	新增专利数	(个)
社会	纳税总额	(万元)
	员工人数	(人)
	报告期内吸纳就业人数	(人)
	劳动合同签订率/集体合同覆盖率	(%)
	社会保险覆盖率	(%)
	女性管理者	(人)
	残疾人雇佣人数	(人)
	每年人均带薪休假天数	(天)
	体检及健康档案覆盖率	(%)
	员工培训力度	(人次)
	员工满意度	(%)
	员工流失率	(%)
	安全培训覆盖率	(%)
	安全生产投入	(万元)
	员工伤亡人数	(人)
	责任采购比率	(%)
	本地化采购比率	(%)
环境	环保总投资	(万元)
	环保培训覆盖率	(%)
	单位产值能耗	(吨标准煤/万元产值)
	单位产值水耗	(立方米/万元)

续表

	指　　标	
环境	矿区生产电耗	(万千瓦/时)
	矿区回采率	(%)
	可再生资源使用量	(吨标准煤)
	露天矿排土场复垦率	(吨标准煤)
	水资源再利用率	(%)
	残矿回收量	(万吨)
	含硫气体排放量	(吨)
	COD 排放量	(吨)

4. 报告的设计、印刷

中国黄金社会责任报告设计印刷聘请专业机构进行，社会责任工作委员会办公室根据设计情况对报告进行微调。

（六）发布

到目前为止，中国黄金集团公司连续 3 年发布了社会责任报告，每年发布采取的形式都不同。

（1）单独举办发布会。《中国黄金 2010 年社会责任报告》发布采取的是这种形式。

（2）发布会与其他活动相结合。《中国黄金 2011 年社会责任报告》发布采取的是这种形式。

（3）网络发布。《中国黄金 2012 年社会责任报告》发布采取的是这种形式。

2012 年 8 月 6 日，《中国黄金集团公司 2011 年社会责任报告》在内蒙古自治区满洲里发布，这是中国黄金集团公司发布的第二份社会责任报告。国有重点大型企业监事会主席刘学良，全国人大常委、中国社科院经济学部主任陈佳贵，国务院国有资产监督管理委员会研究局局长彭华岗，国有企业监事会 11 办主任鲍洪湘，国务院国有资产监督管理委员会综合局副局长赵世堂、新闻中心副主任胡钰，中国有色金属工业协会副会长王健，财政部、工信部、国土部等有关部门的领导，以及中国社科院经济学部企业社会责任研究中心主任钟洪武等出席了发布仪式。在《报告》发布仪式上，国务院国资委研究局局长彭华岗高度评价了集团公司近几年在履行社会责任方面取得的积极成效。他说："中国黄金集团公司全面落实科学发展观，实现了跨越式发展；主动担当社会责任，努力追求企业、社会和环境的综合价值最大化,发挥了表率作用,引领了行业健康发展;而且,社会责任理念先进,社会责任管理和实践活动卓有成效,一批企业成为行业安全环保、绿化美化、和谐矿区建设的示范单位。"中国黄金集团公司总经理、党委书记孙兆学在《报告》发布仪式上表示,积极履行社会责任是现代经济社会对企业的客观要求,作为国内黄金行业唯一的中央企业,要想成为世界一流的矿业公司,要想赢得未来矿业开发的主动权,集团公司就必须担当起履行社会责任的引领者角色。

中国黄金集团公司副总经理张廷军、宋鑫,副总经理、总会计师刘冰,副总经理刘丛生、杜海青,副总经理、党委副书记、纪委书记宋权礼,副总经理魏山峰、王晋定、孙连忠,以及集团公司总部各部门负责人,各权属企业领导参加了《报告》发布仪式。

(七)使用

社会责任报告综合体现企业履行社会责任的实际情况,对以往业绩和未来预测的业绩进行衡量和报告,从更高的层次上帮助组织传递与经济、环境和社会机遇和挑战相关的信息,有助于加强公司与外部各利益相关方(消费者、投资者、社区)关系,建立信任,可以作为建设、维持和不断完善利益相关方参与的重要工具。中国黄金鼓励在与利益相关方进行沟通时使用社会责任报告。

表 8-10 中国黄金社会责任报告印刷量(份)

2010 年报告	2011 年报告	2012 年报告
1200	1600	1800

五、评级报告

《中国黄金集团公司社会责任报告 2012》评级报告

中国社会科学院经济学部企业社会责任研究中心(以下简称"中心")受中国黄金集团公司委托,从"中国企业社会责任报告评级专家委员会"中抽选专家组成评级小组，对《中国黄金集团公司社会责任报告 2012》（以下简称《报告》）进行评级。

一、评级依据

中国社会科学院经济学部企业社会责任研究中心、中国企业联合会、中国石油与化学工业联合会、中国轻工业联合会、中德贸易可持续发展与企业行为规范项目、WTO 经济导刊、中国企业公民委员会联合发布的《中国企业社会责任报告编写指南（CASS-CSR 2.0）》，及《中国企业社会责任报告评级标准（2013）》。

二、评级结论

完整性（★★★★☆）

《报告》从"价值黄金"、"环保节能"、"安全健康"、"和谐共赢"等角度，披露了一般采矿业核心指标的 85.29%，完整性表现优秀。

实质性（★★★★★）

《报告》详细叙述一般采矿业在"贯彻宏观政策"、"职业健康管理"、"安全生产"、"资源储备"及"矿区保育、尾矿处理和矿区生态保护"等关键性议题，叙述充分，具有很好的实质性表现。

平衡性（★★★☆）

《报告》披露了"安全生产事故数"、"工亡人数"和"员工流失率"等负面数据信息，平衡性表现一般。

可比性（★★★★★）

《报告》披露了 43 个关键绩效指标连续 3 年以上的历史数据，并对黄金产量等方面的数据进行横向比较，可比性表现卓越。

可读性（★★★★☆）

《报告》结构清晰，逻辑清楚，篇幅适中；语言简洁流畅，案例叙述详尽；数据表、流程图等表达方式丰富，设计美观并体现行业特色，可读性表现较好。

创新性（★★★★）

《报告》以公司社会责任模型为主线，全面阐述了经济、社会、环境方面的责任实践，责任议题突出，有助于利益相关方了解企业履责重点，具有良好的创新性。

综合评级（★★★★☆）

经评级小组评价，《中国黄金集团公司社会责任报告 2012》为四星半级，是一份领先的企业社会责任报告。

三、改进建议

增加企业负面数据的披露和负面事件分析，提高报告的平衡性。

评级小组

组长：中国社会科学院经济学部企业社会责任研究中心主任　钟宏武

成员：全球契约中国网络执行副主任　韩斌

中国社会科学院经济学部企业社会责任研究中心理事　高宝玉

评级专家委员会副主席　　　　　　　　评级小组组长
中心常务副理事长　　　　　　　　　　中心主任

附 录

一、参编机构

(一) 中国社会科学院经济学部企业社会责任研究中心

中国社会科学院经济学部企业社会责任研究中心（以下简称"中心"）成立于 2008 年 2 月，是中国社会科学院主管的非营利性学术研究机构。中国社会科学院副院长、经济学部主任李扬研究员任中心理事长，国务院国有资产监督管理委员会研究局局长彭华岗博士、中国社会科学院工业经济研究所党委书记黄群慧研究员任中心常务副理事长，中国社会科学院社会发展战略研究院钟宏武副研究员任主任。中国社会科学院、国务院国有资产监督管理委员会、人力资源与社会保障部、中国企业联合会、中国人民大学、国内外大型企业的数十位专家、学者担任中心理事。

中心以"中国特色、世界一流社会责任智库"为目标，积极践行研究者、推进者和观察者的责任：

(1) 研究者：中国企业社会责任问题的系统理论研究，研发颁布《中国企业社会责任报告编写指南 (CASS-CSR 1.0/2.0)》，组织出版《中国企业社会责任》文库，促进中国特色的企业社会责任理论体系的形成和发展。

(2) 推进者：为政府部门、社会团体和企业等各类组织提供咨询和建议；主办"中国企业社会责任研究基地"；主办"分享责任——中国企业社会责任公益讲堂"；开设中国社科院研究生院 MBA《企业社会责任》必修课，开展数百次社会责任培训，传播社会责任理论知识与实践经验；组织、参加各种企业社会责任研讨交流活动，分享企业社会责任研究成果。

(3) 观察者：出版《企业社会责任蓝皮书（2009/2010/2011/2012/2013)》，跟踪记录上一年度中国企业社会责任理论和实践的最新进展；每年发布《中国企业社会责任报告白皮书（2011/2012/2013)》，研究记录我国企业社会责任报告发展的阶段性特征；制定、发布、推动《中国企业社会责任报告评级》，为150余份社会责任报告提供评级服务；主办"责任云"（www.zerenyun.com）平台以及相关技术应用。

中国社科院经济学部企业社会责任研究中心

2013 年 11 月

电话：010-59001552

传真：010-59009243

网站：www.cass-csr.org

E-mail：csr@cass-csr.org

地址：北京市朝阳区东三环中路 39 号建外 soho 写字楼 A 座 1710（100022）

研究业绩

课题：

1. 国土资源部：《矿业企业社会责任报告制度研究》，2013 年；

2. 国务院国资委：《中央企业社会责任优秀案例研究》，2013 年；

3. 中国扶贫基金会：《中资海外企业社会责任研究》，2012~2013 年；

4. 北京市国资委：《北京市属国有企业社会责任研究》，2012 年 5~12 月；

5. 国资委研究局、中国社科院经济学部企业社会责任研究中心：《企业社会责任推进机制研究》，2010 年 1~12 月；

6. 国家科技支撑计划课题：《社会责任国际标准风险控制及企业社会责任评价技术研究》之子任务，2010 年 1~12 月；

7. 深交所、中国社科院经济学部企业社会责任研究中心：《上市公司社会责任信息披露》，2009 年 3~12 月；

8. 中国工业经济联合会、中国社科院经济学部企业社会责任研究中心：工信部制定《推进企业社会责任建设指导意见》前期研究成果，2009 年 10~12 月；

9. 中国社科院交办课题：《灾后重建与企业社会责任》，2008 年 8 月~2009 年 8 月；

10. 中国社会科学院课题：《海外中资企业社会责任研究》，2007 年 6 月~2008 年 6 月；

11. 国资委课题：《中央企业社会责任理论研究》，2007 年 4~8 月。

专著：

1. 黄群慧、钟宏武、张蒽等：《中国盐业总公司考察》，经济管理出版社 2013 年版。

2. 彭华岗、钟宏武、张蒽、孙孝文等：《企业社会责任基础教材》，经济管理出版社 2013 年版。

3. 姜天波、钟宏武、张蒽、许英杰：《中国可持续消费研究报告》，经济管理出版社 2013 年版。

4. 陈佳贵、黄群慧、彭华岗、钟宏武：《企业社会责任蓝皮书（2012）》，社科文献出版社 2012 年版。

5. 钟宏武、魏紫川、张蒽、孙孝文等：《中国企业社会责任报告白皮书（2012）》，经济管理出版社 2012 年版。

6. 李春光、彭华岗、黄文生：《每一滴油都是承诺：中国石化企业社会责任的理论与实践》，经济管理出版社 2012 年版。

7. 孙青春：《寻找增长的涌泉：企业可持续创新之路探索》，经济管理出版社 2012 年版。

8. 陈佳贵、黄群慧、彭华岗、钟宏武：《企业社会责任蓝皮书（2011）》，社科文献出版社 2011 年版。

9. 彭华岗、钟宏武、张蒽、孙孝文：《中国企业社会责任报告编写指南（CASS-CSR2.0）》，经济管理出版社 2011 年版。

10. 钟宏武、张旺、张蒽：《中国上市公司非财务信息披露报告（2011）》，社科文献出版社 2011 年版。

11. 钟宏武、张蒽、翟利峰：《中国企业社会责任报告白皮书（2011）》，经济管理出版社 2011 年版。

12. 彭华岗、楚旭平、钟宏武、张蒽：《企业社会责任管理体系研究》，经济管理出版社 2011 年版。

13. 彭华岗、钟宏武：《分享责任——中国社会科学院研究生院 MBA "企业社会责任"必修课讲义集（2010）》，经济管理出版社 2011 年版。

14. 黄群慧、黄天文、钟宏武：《中国中钢集团国情调研报告》，经济管理出版社 2010 年版。

15. 陈佳贵、黄群慧、彭华岗、钟宏武：《企业社会责任蓝皮书（2010）》，社科文献出版社 2010 年版。

16. 钟宏武、张唐槟、田瑾、李玉华：《政府与企业社会责任》，经济管理出版社 2010 年版。

17. 陈佳贵、黄群慧、彭华岗、钟宏武：《企业社会责任蓝皮书（2009）》，社科文献出版社 2009 年版。

18. 钟宏武、孙孝文、张蒽：《中国企业社会责任报告编写指南（CASS-CSR1.0）》，经济管理出版社 2009 年版。

19. 钟宏武、张蒽、张唐槟、孙孝文：《中国企业社会责任发展指数报告（2009）》，经济管理出版社 2009 年版。

20. 陈佳贵、黄群慧、钟宏武、王延中：《工业化蓝皮书——中国地区工业化进程报告（1995~2005）》，社会科学文献出版社 2007 年版。

21. 钟宏武：《慈善捐赠与企业绩效》，经济管理出版社 2007 年版。

论文：

在《经济研究》、《中国工业经济》、《人民日报》等刊物上发表论文数十篇。

（二）正德至远社会责任机构

正德至远（北京）咨询有限责任公司成立于 2010 年，在中国社会科学院经济学部企业社会责任研究中心咨询部和数据中心的基础上组建而成。公司系中国社科院企业社会责任研究中心的战略合作机构和成果转化平台。公司成立以来，先后为《中国企业社会责任蓝皮书（2010/2011/2012/2013）》、《中国企业社会责任报告白皮书（2011/2012/2013）》、《中国企业社会责任报告编写指南（CASS-CSR 2.0/3.0）》等项目提供数据支持；双方共同为国内外数十家大型企业提供社会责任管理咨询、培训和报告服务。

公司依托中国社科院企业社会责任研究中心深厚的理论研究基础，结合我国企业实践经验，专注于企业社会责任管理咨询、能力培训和品牌推广，为客户提供全方位的社会责任解决方案，帮助客户成为面向未来的可持续企业。公司提供的服务主要包括：

社会责任管理咨询：帮助企业建立社会责任组织体系、制度体系、指标体系、社会责任战略规划和社会责任项目评估。

社会责任报告咨询：帮助企业建立社会责任报告编写流程、议题选择流程，并指导企业进行年度社会责任报告编制。

社会责任传播：帮助企业建立社会责任传播与沟通体系、利益相关方沟通手册，树立负责任的品牌形象。

社会责任培训：为企业提供社会责任理论和实践培训，提升管理层和员工的社会责任意识，并帮助企业掌握社会责任工作工具。

社会责任评估：依托中国社科院企业社会责任研究中心的数据库和知识库资源，为企业提供社会责任诊断和评估，并提供针对性解决方案。

地址：北京市朝阳区东三环中路 39 号建外 soho 写字楼 A 座 1710（100022）

邮箱：sunxw@cass-csr.org

电话：010-59001552

二、支持单位

中国黄金集团公司（以下简称"中国黄金"）是国务院国资委管理的黄金行业唯一一家中央企业，是中国黄金协会会长单位，是世界黄金协会在中国的唯一会员单位，主要从事金、银、铜、钼等有色金属以及铁的勘察设计、资源开发、产品生产和贸易以及工程总承包等业务，是集地质勘探、矿山开采、选矿冶炼、产品精炼、加工销售、科研开发和工程设计与建设于一体的综合性大型矿业公司。

中国黄金总部位于北京，下设中金黄金、中金国际、中金珠宝、中金建设、中金资源、中金辐照、中金贸易 7 大板块；拥有二级子公司 57 家，分布于国内 26 个省区以及部分海外地区，其中上市公司 2 家（境内 A 股上市公司"中金黄金"以及加拿大多伦多交易所和中国香港联合交易所两地上市的"中金国际"）；

遍布全国 1700 多家"中国黄金"品牌营销网点；在我国重要成矿区带，规划了 20 个黄金生产基地和 3 个有色生产基地。截至目前，公司员工总数近 5 万人。

中国黄金拥有我国黄金行业唯一的国家级黄金研究院、黄金设计院，并成立有国家认定的企业技术中心，拥有我国黄金行业仅有的两个高新技术产业示范基地，在黄金矿的开发利用上拥有达到世界先进水平的独立的自主知识产权。其具有完全独立自主知识产权的生物氧化提金技术和原矿焙烧技术，以及国内独创的具有自主知识产权的"99.999 极品黄金"精炼技术代表了我国同行业最高水平，并达到世界领先水平。

目前，中国黄金的黄金资源储量、矿产金产量、冶炼金产量、黄金投资产品市场占有率、黄金选冶技术水平五项指标均居国内行业第一。其中，黄金资源储量 1758 吨，铜 1097 万吨，钼 207 万吨，总资产 653 亿元，销售收入 1007 亿元，利润总额 45 亿元。与 2006 年相比，中国黄金的资产总额、营业收入、利润总额分别增长了 6 倍、9 倍和 8 倍。在 2010 年、2011 年国资委对中央企业业绩考核中连续两年被评为 A 级企业，企业综合信用等级为 AAA 级，是黄金行业首家获得国内最高信用等级的企业。

三、参考文献

（一）国际社会责任标准与指南

[1] 国际标准化组织（ISO）：《社会责任指南：ISO26000》，2010 年。
　　http://www.iso.org/iso/home/standards/iso26000.htm
[2] 全球报告倡议组织（Global Reporting Initiative，GRI）：《可持续发展报告指南（G4）》，2013 年。
　　https://g4.globalreporting.org/Pages/default.aspx
[3] 联合国全球契约组织：《全球契约十项原则》。
　　http://www.unglobalcompact.org/Languages/chinese/principles.html
[4] 国际审计与鉴证准则委员会（IAASB）：ISAE3000。

http：//www.ifac.org/auditing-assurance/about-iaasb

［5］Accountability：AA1000原则标准（AA1000APS）、AA1000审验标准（AA1000AS）和AA1000利益相关方参与标准（AA1000SES）。

［6］国际综合报告委员会（IIRC）：整合报告框架（2013）。

http：//www.theiirc.org/

［7］国际石油工业环境保护协会（IPIECA）和美国石油学会（API）：《石油和天然气行业可持续发展报告指南》。

http：//www.ipieca.org/；http：//www.api.org/

（二）中国法律法规及政策文件

［8］《中华人民共和国宪法》及各修正案。

［9］《中华人民共和国公司法》。

［10］《中华人民共和国劳动法》。

［11］《中华人民共和国劳动合同法》。

［12］《中华人民共和国就业促进法》。

［13］《中华人民共和国社会保险法》。

［14］《中华人民共和国工会法》。

［15］《中华人民共和国妇女权益保障法》。

［16］《中华人民共和国未成年人保护法》。

［17］《中华人民共和国残疾人保障法》。

［18］《中华人民共和国安全生产法》。

［19］《中华人民共和国职业病防治法》。

［20］《中华人民共和国劳动争议调解仲裁法》。

［21］《中华人民共和国环境保护法》。

［22］《中华人民共和国水污染防治法》。

［23］《中华人民共和国大气污染防治法》。

［24］《中华人民共和国固体废物污染环境防治法》。

［25］《中华人民共和国环境噪声污染防治法》。

［26］《中华人民共和国水土保持法》。

［27］《中华人民共和国环境影响评价法》。

[28]《中华人民共和国清洁生产促进法》。
[29]《中华人民共和国节约能源法》。
[30]《中华人民共和国可再生能源法》。
[31]《中华人民共和国循环经济促进法》。
[32]《中华人民共和国产品质量法》。
[33]《中华人民共和国消费者权益保护法》。
[34]《中华人民共和国反不正当竞争法》。
[35]《中华人民共和国科学技术进步法》。
[36]《中华人民共和国反垄断法》。
[37]《中华人民共和国专利法》。
[38]《中华人民共和国商标法》。
[39]《集体合同规定》。
[40]《禁止使用童工规定》。
[41]《未成年工特殊保护规定》。
[42]《女职工劳动保护特别规定》。
[43]《残疾人就业条例》。
[44]《关于企业实行不定时工作制和综合计算工时工作制的审批方法》。
[45]《全国年节及纪念日放假办法》。
[46]《国务院关于职工工作时间的规定》。
[47]《最低工资规定》。
[48]《生产安全事故报告和调查处理条例》。
[49]《工伤保险条例》。
[50]《再生资源回收管理办法》。
[51]《消耗臭氧层物质管理条例》。
[52]《废弃电器电子产品回收处理管理条例》。
[53]《电子废物污染环境防治管理办法》。
[54]《电子信息产品污染控制管理办法》。
[55]《关于禁止商业贿赂行为的暂行规定》。
[56]《中央企业履行社会责任的指导意见》。
[57]《中央企业"十二五"和谐发展战略实施纲要》。

[58]《上海证券交易所上市公司环境信息披露指引》。

[59]《深圳证券交易所上市公司社会责任指引》。

[60]《中共中央关于全面深化改革若干重大问题的决定》。

[61]《矿产资源节约与综合利用"十二五"规划》。

(三) 社会责任研究文件

[62] 中国社会科学院经济学部企业社会责任研究中心：《中国企业社会责任报告编写指南（CASS-CSR 2.0）》，2011年。

[63] 中国社会科学院经济学部企业社会责任研究中心：《中国企业社会责任报告评级标准 2013》，2013年。

[64] 中国社会科学院经济学部企业社会责任研究中心：《中国企业社会责任研究报告 2009/2010/2011/2012/2013》，社会科学文献出版社。

[65] 中国社会科学院经济学部企业社会责任研究中心：《中国企业社会责任报告白皮书 2011/2012/2013》，经济管理出版社。

[66] 中国社会科学院经济学部企业社会责任研究中心：《企业社会责任基础教材》，经济管理出版社，2013年。

[67] 彭华岗等：《企业社会责任管理体系研究》，经济管理出版社，2011年。

[68] 国家电网公司《企业社会责任指标体系研究》课题组：《企业社会责任指标体系研究》，2009年3月。

[69] 殷格非、李伟阳：《如何编制企业社会责任报告》，企业管理出版社，2008年。

(四) 企业社会责任报告

[70]《中国黄金集团公司 2012 年社会责任报告》。

[71]《中铝公司 2012 年社会责任报告》。

[72]《中钢集团 2012 年可持续发展报告》。

[73]《金川集团股份有限公司 2012 年社会责任报告》。

[74]《中国五矿集团公司 2012 年社会责任报告》。

[75]《中国有色矿业集团有限公司 2012 年社会责任报告》。

[76]《必和必拓（澳大利亚）2012 年社会责任报告》。

[77]《力拓集团（英国）2012 年社会责任报告》。

[78]《巴西淡水河谷公司（巴西）2012 年社会责任报告》。

[79]《斯特拉塔（瑞士）2012 年社会责任报告》。

[80]《英美资源集团（英国）2012 年社会责任报告》。

[81]《中国石化 2012 年可持续发展报告》。

后 记

2009年12月，中国社会科学院经济学部企业社会责任研究中心发布了中国第一份企业社会责任报告编写指南——《中国企业社会责任报告编写指南（CASS-CSR1.0）》（以下简称《指南1.0》）。为了增强《中国企业社会责任报告编写指南》的国际性、行业性和工具性，2010年9月，中心正式启动了《指南1.0》的修订工作，扩充行业、优化指标、更新案例。2011年3月，《中国企业社会责任报告编写指南（CASS-CSR2.0）》（以下简称《指南2.0》）发布。《指南2.0》发布后，获得了企业广泛的应用，参考《指南2.0》编写社会责任报告的企业数量由2011年的60家上升到2013年的195家。

为了进一步提升《指南》的国际性、实用性，引导我国企业社会责任从"报告内容"到"报告管理"转变，2012年3月31日，《中国企业社会责任报告编写指南（CASS-CSR3.0）》（简称《指南3.0》）编制启动会在北京召开，来自政府、企业、NGO、科研单位等机构的约100名代表出席了本次启动大会。为广泛征求《指南》使用者意见，中心向100家企业发放了调研问卷，并实地走访、调研30余家中外企业，在广泛调研的基础上，中心启动了分行业指南编制工作。

作为第一本分行业指南，《中国企业社会责任报告编写指南之一般采矿业》的编制历时1年零4个月。其间，编写组多次赴中国黄金集团下属企业实地调研，征求一线生产管理人员的意见和建议。本书是集体智慧的结晶，全书由孙孝文、张葱、李晓峰、朱念锐共同撰写。国资委研究局陈锋、中国黄金集团公司运营管理部韩超、辽宁排山楼黄金矿业有限责任公司梁海波、河南中原黄金冶炼厂有限责任公司路西迎、河北东梁黄金矿业有限责任公司胥明军、河北峪耳崖黄金矿业有限责任公司岳国志和张大伟等同志对初稿提出了具有针对性的意见和建议；中国黄金集团公司运营管理部朱念锐进行了第八章案例写作的工作；在资料整理过程中，彭雪、盖延涛、汪杰、金敏、王娅俪、马燕、张林菁、翟利峰、方小静、周亚楠等同志做出了诸多贡献。全书由孙孝文审阅、修改和定稿。

"中国企业社会责任报告编写指南"系列以及企业社会责任报告编写软件都将不断修订、完善，希望各行各业的专家学者、读者朋友不吝赐教，共同推动我国企业社会责任更好、更快地发展。

中国社科院经济学部
企业社会责任研究中心
2014 年 1 月